MÉTODO DE ESPAÑOL PARA EXTRANJEROS

PRISMA
LATINOAMERICANO
COMIENZA

LIBRO DEL ALUMNO

Equipo prisma

NIVEL A1

Edinumen

© Editorial Edinumen, 2011
© Autores del nivel A1 de PRISMA: Isabel Bueso, Raquel Gómez, Carlos Oliva, Isabel Pardo, María Ruiz de Gauna y Ruth Vázquez
  Coordinadora del nivel A1: Raquel Gómez

ISBN: 978-84-9848-097-9
Depósito Legal: M-31594-2015
Impreso en España
Printed in Spain

1.ª edición: 2011
1.ª reimpresión: 2012
2.ª reimpresión: 2015
3.ª reimpresión: 2017
4.ª reimpresión: 2019

Coordinación pedagógica:
María José Gelabert

Coordinación editorial:
Mar Menéndez

Edición:
David Isa y Nazaret Puente

Adaptación versión Latinoamérica:
Elizabeth Reyes (coord.), Ma. de las Mercedes Cárdenas, Rosa Estela Dávila, Universidad de Guadalajara
Luis Navarro, Instituto Tecnológico de Monterrey
Martha M. Martínez, Máster Universidad A. Nebrija

Revisión de adaptación:
Marisol de Lafuente Duff (Lda. Universidad Nacional Autónoma de México) –Coordinadora–, Susana Jackson-Houlston (Lda. Pontificia Universidad Católica Argentina), Alejandra López Vázquez (Lda. Universidad de Londres) y Talía Luna Morris (Lda. Universidad Nacional Autónoma de México). Profesoras de español de Modern Language Centre, King's College, Universidad de Londres.

Autoras del apartado *Nos conocemos*:
Isabel Bueso y Paula Cerdeira

Ilustraciones:
Miguel Alcón y Carlos Casado

Diseño de cubierta:
Carlos Yllana

Diseño y maquetación:
Juanjo López, Sara Serrano y Carlos Yllana

Fotografías:
Archivo Edinumen

Impresión:
Gráficas Glodami. Madrid

Editorial Edinumen
José Celestino Mutis, 4. 28028 - Madrid
Teléfono: 91 308 51 42
Fax: 91 319 93 09
e-mail: edinumen@edinumen.es
www.edinumen.es

Reservados todos los derechos. No está permitida la reproducción parcial o total de este libro, ni su tratamiento informático, ni transmitir de ninguna forma parte alguna de esta publicación por cualquier medio mecánico, electrónico, por fotocopia, grabación, etc., sin el permiso previo y por escrito de los titulares del copyright.

PRISMA LATINOAMERICANO
MÉTODO DE ESPAÑOL PARA EXTRANJEROS

introducción

PRISMA LATINOAMERICANO es un manual de español para extranjeros pensado y dirigido para aquellos estudiantes y centros cuyo proceso de enseñanza y aprendizaje del español tiene lugar en un contexto latinoamericano.

PRISMA LATINOAMERICANO tiene como objetivo dotar al estudiante de las estrategias y conocimientos necesarios para desenvolverse en un ambiente de habla hispana y en el que convergen diferentes culturas. Con este manual, aunque sigue la variedad mexicana, se pretende dar cuenta de la variedad y riqueza de los países que forman parte de la cultura latina, explicando algunas diferencias significativas (gramaticales, léxicas, etc.) y mostrando la diversidad cultural existente.

En este material cobran especial importancia los aspectos socioculturales que hacen que el estudiante reflexione sobre la diversidad del español, como lengua y como prisma de culturas. El alumno los descubrirá a través de los contenidos tratados en las diferentes actividades, en los contextos situacionales y en el apartado específico de cultura, denominado *Nos conocemos*, que aparece al final de cada unidad.

PRISMA LATINOAMERICANO aúna diferentes tendencias metodológicas desde una perspectiva comunicativa, con lo cual se persigue atender a la diversidad de discentes y docentes. En este libro se integran las actividades comunicativas de la lengua, junto con el estudio de la gramática de forma tanto deductiva como inductiva. De esta manera, se prepara al alumno para que sea competente y participe activamente en los intercambios lingüísticos que se le presenten.

Este material está estructurado en **4 niveles: Comienza (A1)**, **Continúa (A2)**, **Progresa (B1)** y **Avanza (B2)** según los requerimientos del *Marco común europeo de referencia* (MCER). Este Marco nos ofrece una base común para la descripción explícita de los niveles, de los objetivos y los contenidos en la enseñanza de las lenguas modernas. El MCER favorece la transparencia de los cursos, los programas y las titulaciones, fomentando la cooperación internacional en el campo de la enseñanza de idiomas.

PRISMA LATINOAMERICANO Comienza (A1) se compone de:

- **Libro del alumno**
- **Libro de ejercicios**
- **Libro del profesor**
- **Audiciones**

Audiciones descargables en la ELEteca: https://eleteca.edinumen.es

Libro del alumno: consta de doce unidades.

Cada unidad didáctica tiene autonomía, pero recoge contenidos gramaticales, léxicos y funcionales de unidades anteriores (retroalimentación). Cada actividad va acompañada de unos iconos que marcan la destreza que se va a trabajar (leer, escribir, escuchar, hablar), así como la dinámica de clase sugerida por los autores (solo, parejas, grupos pequeños, grupo de clase); también aparece un icono cuando se requiere una explicación del profesor (siempre presente en el Libro del profesor) o un juego.

Cada unidad didáctica se desarrolla atendiendo a:

- **Pluriculturalidad:** se deja sentir en los contenidos culturales que aparecen en textos y grabaciones a lo largo de toda la unidad y en el apartado *Nos conocemos* al final de cada tema.
- **Integración de destrezas:** una gran parte de las actividades están planteadas para llevarse a cabo en parejas o grupo, con el fin de potenciar la interacción, la comunicación y la interculturalidad.
- **Gramática:** se presenta de forma inductiva y deductiva para que los estudiantes construyan las reglas gramaticales basándose en su experiencia de aprendizaje o dando una regla general que deben aplicar, dependiendo de la frecuencia, rentabilidad o complejidad de los contenidos.
- **Autoevaluación:** se sugieren tanto actividades conducentes a que el estudiante evalúe su proceso de aprendizaje, como actividades que potencien y expliciten las estrategias de aprendizaje y comunicación.

Libro de ejercicios, consta de:

- **Actividades** dinámicas con las que reforzar los contenidos estudiados de una forma autónoma para seguir avanzando en el aprendizaje.
- **Apéndice gramatical** detallado.
- **Claves** de estos ejercicios.

Libro del profesor, recoge:

- **Propuestas, alternativas y explicaciones** para la explotación de las actividades presentadas en el libro del alumno, prestando especial atención al **componente cultural y pragmático**, con el fin de que el estudiante adquiera un aprendizaje global.
- **Fichas** fotocopiables, tanto de refuerzo gramatical como para desarrollar situaciones comunicativas o tareas, dentro y fuera del aula, para que el estudiante tome conciencia de la diferencia de los intereses individuales, de su visión del mundo y, en consecuencia, de su aprendizaje.
- **Material para transparencias** de apoyo para el proceso de enseñanza/aprendizaje.
- **Transcripciones** de las grabaciones.
- **Claves** de los ejercicios.

Equipo prisma

índice de contenidos

Unidad 1 9

Contenidos funcionales
- Saludar formal e informalmente
- Identificar(se): decir la nacionalidad, el origen, la profesión, la edad...
- Presentar(se)
- Despedirse
- Dar una opinión

Contenidos gramaticales
- El alfabeto
- Presentes: *ser, tener, trabajar, llamarse*
- Números *0-101*
- Género y número en adjetivos
- Interrogativos: *¿Cómo/De dónde/Cuántos?*
- *Yo creo que* + opinión

Contenidos léxicos
- Adjetivos de nacionalidad
- Nombres de países
- Profesiones
- Lenguas
- Léxico de supervivencia en clase

Contenidos culturales
- Los nombres y apellidos latinos

- Famosas latinoamericanas 23

Unidad 2 25

Contenidos funcionales
- Preguntar y decir la dirección
- Pedir y dar información espacial: ubicar cosas y personas
- Describir objetos y lugares

Contenidos gramaticales
- Presentes regulares: *-ar/-er/-ir*
- Usos *tú/usted*
- Género y número en los sustantivos y adjetivos
- Uso de artículo determinado e indeterminado. Presencia y ausencia
- Interrogativos: *¿Dónde/Qué/Quién...?*
- Contraste *hay/está-n*
- Locuciones prepositivas

Contenidos léxicos
- Objetos de clase, de escritorio y personales
- Los colores
- Léxico relacionado con las direcciones
- La casa: distribución y mobiliario

Contenidos culturales
- Formas de tratamiento en español
- La correspondencia

- Tipos de vivienda en Latinoamérica 39

Unidad 3 41

Contenidos funcionales
- Describir personas
- Expresar posesión
- Describir prendas de vestir

Contenidos gramaticales
- Adjetivos calificativos
- Adjetivos y pronombres posesivos
- *Ser, tener, llevar*
- Concordancia adjetivo-sustantivo

Contenidos léxicos
- La familia
- La ropa
- El aspecto físico

Contenidos culturales
- Una familia mexicana

- Tipos de familias 53

Nota: se incluyen los contenidos culturales tanto del libro del alumno como del libro del profesor.

NIVEL A1. **COMIENZA**

Unidad 4 55

Contenidos funcionales	Contenidos gramaticales	Contenidos léxicos	Contenidos culturales
• Expresar necesidades, deseos y preferencias • Pedir/dar información espacial	• Uso de los comparativos: igualdad, superioridad e inferioridad con adjetivos • Comparativos irregulares • Verbos: *necesitar, querer, preferir* + infinitivo/sustantivo • Preposiciones *en* y *a* con verbos de movimiento	• Transportes • Establecimientos comerciales y de ocio	• El transporte en México • La fiesta de los Reyes Magos

• La Ruta Panamericana 67

Unidad 5 69

Contenidos funcionales	Contenidos gramaticales	Contenidos léxicos	Contenidos culturales
• Preguntar y decir la hora • Describir acciones y actividades habituales: fechas y localización temporal • Expresar la frecuencia con que se hace algo	• Presente de indicativo (verbos irregulares) • Verbos reflexivos • Adverbios y expresiones de frecuencia	• Actividades cotidianas y de ocio • Partes del día • Meses del año • Días de la semana	• Los horarios, costumbres y estereotipos sobre México y otros países latinos • El lenguaje no verbal • Literatura: Ángeles Mastretta

• Las fiestas 83

Unidad 6 85

Contenidos funcionales	Contenidos gramaticales	Contenidos léxicos	Contenidos culturales
• Expresar gustos y preferencias • Expresar acuerdo y desacuerdo • Ordenar algo en un restaurante o bar	• Verbos *gustar, encantar*... • Verbo *doler* • Pronombres de objeto indirecto • Adverbios: – *también/tampoco*	• Ocio y tiempo libre • Comidas y alimentos • Partes del cuerpo • En el médico	• Gastronomía española • Los restaurantes, bares y cantinas en los países latinos • Gestos relacionados con el bar • El ocio en los países latinos

• Platos típicos y sus recetas 97

Unidad 7 99

Contenidos funcionales	Contenidos gramaticales	Contenidos léxicos	Contenidos culturales
• Descripción de una acción que se está realizando: hablar de la duración de una acción • Expresar continuidad de acciones	• *Estar* + gerundio • *Seguir* + gerundio • *Estar* + adjetivo referido al tiempo atmosférico • *Ser* + adjetivo referido al tiempo atmosférico • Verbos de tiempo atmosférico: *llover, nevar,* etc. • *Hace* + *muy/mucho* + adjetivo/sustantivo • Uso de la preposición *en* • *Muy/mucho*	• El tiempo atmosférico • En la costa/en el interior/en la montaña • Los puntos cardinales • Estaciones del año	• El clima en México y en otros lugares de Latinoamérica

• Paisajes latinos 107

Unidad 8 109

Contenidos funcionales	Contenidos gramaticales	Contenidos léxicos	Contenidos culturales

• Expresar/preguntar por la cantidad
• Hablar de la existencia, o no, de algo o de alguien
• Expresar duda, indecisión o ignorancia
• Preguntar por un producto y su precio
	• Presentes irregulares
	• Pronombres de objeto directo
	• Pronombres y adjetivos indefinidos:
	  – algo/nada
	  – alguien/nadie
	  – alguno/ninguno
	• Pronombres y adjetivos demostrativos
	• Pronombres interrogativos
	• Números cardinales del 101 al millón
	• Preposición *para*
		• Las tiendas
		• La lista para el supermercado
		• Relaciones sociales en algunos países latinos
			• Gastronomía latina
			• Algunas costumbres de los latinoamericanos

• De compras por Latinoamérica 119

Unidad 9 121

Contenidos funcionales	Contenidos gramaticales	Contenidos léxicos	Contenidos culturales
• Hacer planes y proyectos • Hacer sugerencias • Aceptar y rechazar una sugerencia • Expresar obligación	• *Ir a* + infinitivo • *Pensar* + infinitivo • *Preferir* + infinitivo • *Querer* + infinitivo • *Poder* + infinitivo • *Hay que* + infinitivo • *Tener que* + infinitivo • *Deber* + infinitivo	• Actividades de ocio y tiempo libre • Viajes	• Cuernavaca • Latinoamérica y los latinos

• Guía de viaje a Salamanca y Lima 129

Unidad 10 131

Contenidos funcionales	Contenidos gramaticales	Contenidos léxicos	Contenidos culturales

• Dar/pedir una opinión
• Expresar acuerdo y desacuerdo
• Expresar causa y preguntar por la causa de algo
	• La negación:
	  – *nunca, jamás, nunca jamás...*
	  – *no... ni... ni...*
	  – *¡qué dices!*
	  – *¡ni hablar!*
	  – *bueno, pues no...*
	• Expresar opinión:
	  – *me parece que...*
	  – *creo que...*
	  – *para mí,...*
	• Organizadores del discurso
	• *¿Por qué? / Porque*
		• Vocabulario para hablar de estereotipos
		• Léxico relacionado con el modo de vida de los mexicanos
			• Estereotipos de los habitantes de los estados mexicanos
			• Rompiendo estereotipos sobre México
			• México: fiesta del Día de Muertos

• Estereotipos 141

Unidad 11 143

Contenidos funcionales	Contenidos gramaticales	Contenidos léxicos	Contenidos culturales
• Hablar de acciones terminadas en el pasado • Describir o narrar experiencias o situaciones personales • Disculparse y dar una excusa	• Morfología del pretérito: regulares e irregulares • Marcadores temporales: – *El martes pasado, el año pasado, el mes pasado...* – *Hace una año, hace dos meses, hace tres semanas...* – *El lunes, el martes, el miércoles, el 8 de diciembre...* – *En mayo, en 1998, en Navidad, en verano...* – *Ayer, antier, anoche, el otro día...* – *Hoy, esta mañana...* – *Ya* • Revisión adjetivos y pronombres indefinidos	• La agenda y una página de un periódico • Turismo	• Turismo en Perú, Honduras, México y Argentina

• Tipos de música 153

Unidad 12 155

Contenidos funcionales	Contenidos gramaticales	Contenidos léxicos	Contenidos culturales
• Pedir/dar instrucciones sobre lugares y direcciones: organizar el discurso • Pedir permiso, conceder y denegar • Invitar/ofrecer: aceptar y rehusar	• Imperativo afirmativo: regulares e irregulares • Organizadores del discurso • Imperativo + pronombres • Secuencias de afirmación: – *sí, claro* – *sí, por supuesto* – *sí, cómo no* – *claro, claro*	• La ciudad • El banco: el cajero automático • La caseta telefónica: llamar por teléfono	• Literatura: Augusto Monterroso y Julio Cortázar

• Escritores latinos 164

En el método se usan los siguientes símbolos gráficos:

- Trabajo individual
- Hablar
- Audio [Número de la grabación] [1]
- Trabajo en parejas
- Escribir
- Léxico
- Trabajo en pequeño grupo
- Leer
- Profesor
- Trabajo en gran grupo o puesta en común
- Jugar
- Tareas para realizar en casa

Nota: La nomenclatura empleada en este material es la utilizada en la reciente *Nueva Gramática de la lengua española*, publicada a finales del año 2009 y que recoge la terminología de Andres Bello, por ser la más utilizada en Latinoamérica. Para consultar su equivalencia con otras terminologías, véase "Nomenclatura de las formas verbales" en la página final de este libro.

Unidad 1

Contenidos funcionales
- Saludar formal e informalmente
- Identificar(se): decir la nacionalidad, el origen, la profesión, la edad...
- Presentar(se)
- Despedirse
- Dar una opinión

Contenidos gramaticales
- El alfabeto
- Presentes: *ser, tener, trabajar, llamarse*
- Números: *0-101*
- Género y número en adjetivos
- Interrogativos: *¿Cómo/De dónde/Cuántos?*
- *Yo creo que* + opinión

Contenidos léxicos
- Adjetivos de nacionalidad
- Nombres de países
- Profesiones
- Lenguas
- Léxico de supervivencia en clase

Contenidos culturales
- Los nombres y apellidos latinos

Nos conocemos
- Famosas latinoamericanas

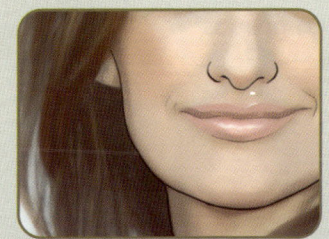

1 Contactos en español

1.1. Escucha cómo se presentan estas personas, ¿quién es quién?

ⓘ Presentarse y saludar

▶ Hola, me llamo + nombre. ¿Y tú? (¿cómo te llamas?)

▷ (Me llamo) + nombre / Soy...

▶ ¿Cómo se llama?

▷ Se llama + nombre / Es...

◆ Presente

Llamarse

Yo	me llamo	Nosotros/as	nos llamamos
Tú •	te llamas	Ustedes •	se llaman
Él/ella/usted	se llama	Ellos/ellas/ustedes	se llaman

• **Argentina:** *Vos te llamás*

• **España:** *Vosotros/as os llamáis*

1.2. Y tú, ¿quién eres? En grupos de tres, digan quiénes son.

10 [diez]　　UNIDAD 1　PRISMA LATINOAMERICANO

El alfabeto y los sonidos | 2

2.1. Escucha y repite.

EL ALFABETO

a	a	h	hache	n	ene	t	te
b	be	i	i	ñ	eñe	u	u
c	ce	j	jota	o	o	v	ve•
ch	che	k	ka	p	pe	w	doble u•
d	de	l	ele	q	cu	x	equis
e	e	ll	elle	r	erre	y	i griega
f	efe	m	eme	s	ese	z	zeta
g	ge						

La **ch** y la **ll** representan un sonido.

2.2. Aquí están los nombres de las letras. Escribe la letra junto a su nombre.

• **Argentina:** *doble ve*

• **España:** *La "v" se dice uve y la "w" uve doble*

Ejemplo: cu [q]

ce [ ]   doble u [ ]

ge [ ]   zeta [ ]   hache [ ]   ve [ ]

equis [ ]   i griega [ ]   jota [ ]   erre [ ]

2.3. Pregunta a tu compañero para completar el cuadro.

Ejemplo: ▷ *Su apellido es Mebarak Ripoll. ¿Cuál es su nombre?*
▶ *Shakira Isabel.*
▷ *¿Cómo se escribe?*
▶ *Shakira: ese, hache, a, ka, i, erre, a. Isabel: i, ese, a, be, e, ele.*

A (alumno)

Nombre	Apellidos
1. Shakira Isabel	Mebarak Ripoll
2.	Figueroa Arce
3.	Martín Morales
4. Paulina	Rubio Dosamantes
5. Mario	Vargas Llosa
6.	Benedetti Farrugia
7. Marco Antonio	Muñiz

NIVEL A1. COMIENZA [once] 11

Ejemplo: ▷ *¿Cómo se apellida Shakira Isabel?*
▶ *Mebarak Ripoll.*

B	Nombre	Apellidos
1.	Shakira Isabel	**Mebarak Ripoll**
2.	Elmer	Figueroa Arce
3.	Enrique	Martín Morales
4.	Paulina	
5.	Mario	
6.	Mario Orlando	Benedetti Farrugia
7.	Marco Antonio	

3 ¿De dónde...?

3.1. Con tu compañero, escribe más nombres de países.

Asia	África	Europa	América	Oceanía
China	Egipto	Holanda Alemania Italia	Argentina México Colombia Cuba	Australia

3.2. ¿Sabes de dónde es...? ¿Sabes de dónde son...? Discute con tus compañeros de dónde son estas cosas.

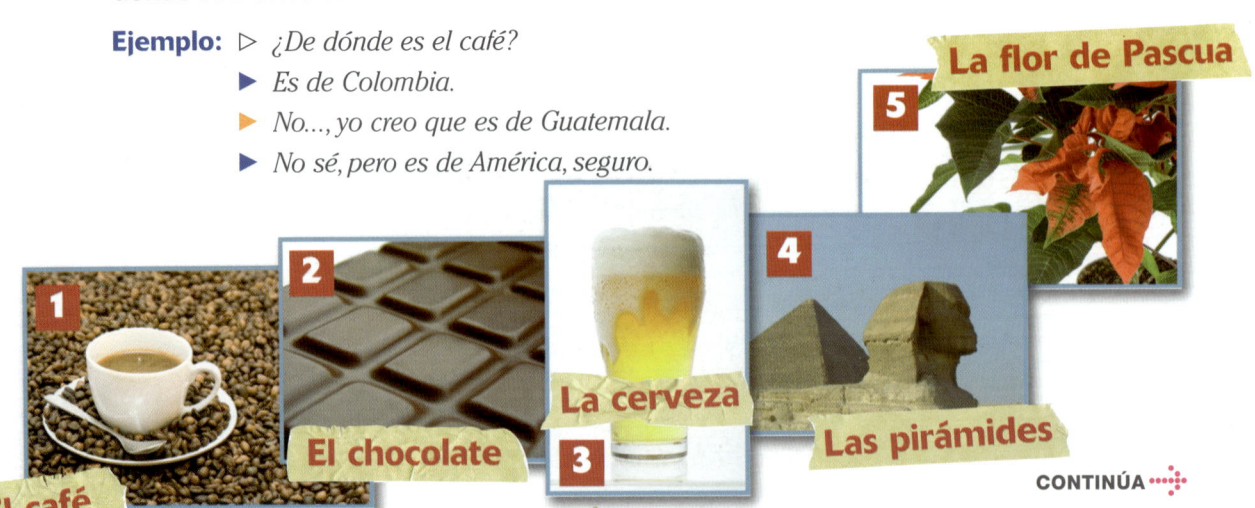

Ejemplo: ▷ *¿De dónde es el café?*
▶ *Es de Colombia.*
▶ *No..., yo creo que es de Guatemala.*
▶ *No sé, pero es de América, seguro.*

1. El café
2. El chocolate
3. La cerveza
4. Las pirámides
5. La flor de Pascua

CONTINÚA

12 [doce] UNIDAD 1 PRISMA LATINOAMERICANO

El tango

El oso panda

La hamburguesa

El tequila

El espagueti

Para decir tu opinión:
- **Yo creo que** + *opinión*

3.3. Completa el cuadro ayudándote con la información que aparece.

Italia	italiano	italiana	italianos	italianas
México	mexicano		mexicanos	
Argentina	argentino			argentinas
Brasil		brasileña		brasileñas
Suiza	suizo		suizos	
Suecia		sueca		suecas
España	español		españoles	
Inglaterra	inglés		ingleses	
Francia		francesa		francesas
Japón	japonés			japonesas
Estados Unidos	estadounidense		estadounidenses	
Canadá	canadiense			canadienses

¿Quién es...? 4

4.1. ¿Conoces a estas personas? Con tu compañero identifica a estos personajes.

Nacionalidad
estadounidense
español
colombiano
egipcia

Nombre
Mickey Mouse
Cleopatra
García Márquez
Don Quijote

Profesión
reina
actor
caballero
escritor

Ejemplo: *Se llama Gabriel García Márquez.*
Es colombiano.
Es escritor.

NIVEL A1. **COMIENZA** [trece] **13**

Presente

Ser

Yo	**soy**	Nosotros/as	**somos**
Tú	**eres**	Ustedes	**son**
Él/ella/usted	**es**	Ellos/ellas/ustedes	**son**

• **Argentina:** *Vos sos* • **España:** *Vosotros/as sois*

Usamos el verbo *ser* para:

- **Identificarse**
  - **Ser** + nombre
    ▶ *Soy Marisol García.*

- **Decir la nacionalidad u origen**
  - **Ser** + adjetivo de nacionalidad
    ▶ *Soy mexicana.*
  - **Ser** + **de** + nombre de país, ciudad, pueblo...
    ▶ *Soy de Monterrey.*

- **Decir la profesión o la actividad**
  - **Ser** + nombre de profesión
  - **Ser estudiante de** + estudios
    ▶ *Yo soy profesora de español, ¿y tú?*
    ▷ *(Yo soy) Estudiante de Negocios.*

Soy fotógrafo.

4.2. Relaciona y escribe la información.

Nombre	Profesión	Nacionalidad
Frida Kahlo	Pintora	española
Michael Schumacher	Político	alemán
Barak Obama	Escritora	inglesa
Penélope Cruz	Deportista	colombiana
Shakira	Actriz	mexicana
J.K. Rowling	Cantante	estadounidense

Ejemplo: *Se llama **Frida Kahlo**, es **pintora**, es **mexicana**.*

1. ....
2. ....
3. ....
4. ....
5. ....

4.3. Piensa en un personaje famoso. Tus compañeros van a hacerte preguntas para saber quién es. Tú solo puedes contestar *sí* o *no*.

14 [catorce] UNIDAD 1 PRISMA LATINOAMERICANO

Los **números** 5

5.1. 👤 🎧 Escucha.
[3]

Los números

0	cero	10	diez	20	veinte	30	treinta
1	uno	11	once	21	veintiuno	31	treinta y uno
2	dos	12	doce	22	veintidós	42	cuarenta y dos
3	tres	13	trece	23	veintitrés	53	cincuenta y tres
4	cuatro	14	catorce	24	veinticuatro	66	sesenta y seis
5	cinco	15	quince	25	veinticinco	75	setenta y cinco
6	seis	16	dieciséis	26	veintiséis	86	ochenta y seis
7	siete	17	diecisiete	27	veintisiete	97	noventa y siete
8	ocho	18	dieciocho	28	veintiocho	100	cien
9	nueve	19	diecinueve	29	veintinueve	101	ciento uno

5.2. 👤 🧩 Rellena el crucigrama y encuentra el número secreto.

1. 5+5=
2. Los días de la semana
3. 3x5=
4. Las patas del gato
5. 10+10=
6. Los dedos de la mano
7. 7x2=
8. 12-4=
9. 10+1=

5.3. 👤 📝 Relaciona el signo con su nombre.

1	x	•	•	a	más
2	+	•	•	b	menos
3	=	•	•	c	por
4	−	•	•	d	entre
5	: /	•	•	e	igual

• **Argentina:** *dividido*

NIVEL A1. **COMIENZA** [quince] 15

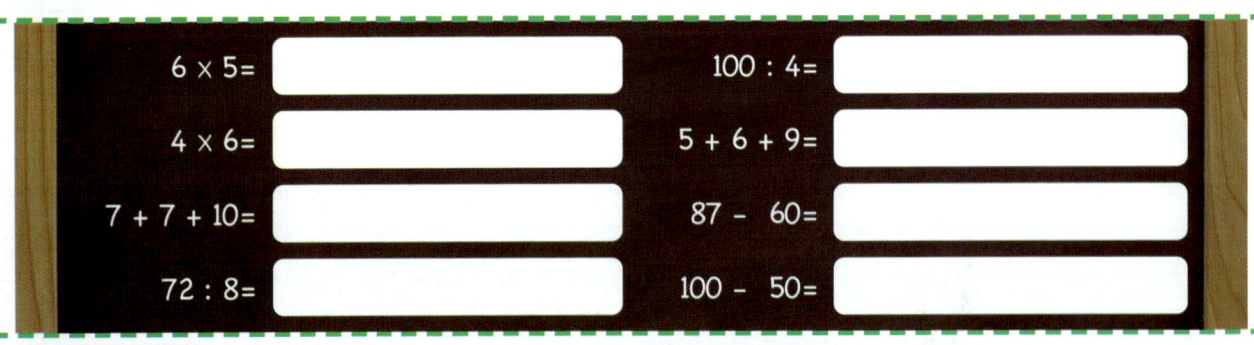

5.4. ¿Qué tal las matemáticas? Con tu compañero, escribe en letras los resultados.

6 × 5 =	100 : 4 =
4 × 6 =	5 + 6 + 9 =
7 + 7 + 10 =	87 − 60 =
72 : 8 =	100 − 50 =

5.5.

Alumno A: Lee a tu compañero los números de tu ficha.

Alumno B: Marca los números que lee tu compañero. ¿Cuántos son diferentes?

Alumno A

25	82	85	98	62
77	71	55	48	94
11	43	36	37	16
32	18	67	59	66

Alumno B

25	81	85	98	62
76	71	55	48	94
12	44	36	37	15
32	17	68	59	66

5.6. Vamos a jugar a los chinos; toma tres monedas. Tu profesor te da las instrucciones.

6 Repetimos

6.1. Lee.

¡Hola, amigos!

Me llamo Alejandra, soy mexicana y tengo veinte años. Soy de Puebla, una ciudad muy bonita en el centro del país. Soy estudiante de Medicina en la Universidad Autónoma de Puebla. Estudio para ser médica porque yo creo que es una profesión muy interesante. También estudio inglés y portugués para hablar con mis amigos. Tengo dos amigos estadounidenses: Robert y Michelle; ellos son de Minnesota. También tengo una buena amiga brasileña que se llama Thais. Es del sur de Brasil. Mis amigos tienen veintidós años los tres y estudian Medicina y español.

Hasta luego, besos,

Ale

6.2. Completa el cuadro con la información de la presentación.

Nombre:	
Nacionalidad:	
Ciudad de origen:	**Edad:**
Estudios:	
Lenguas que habla:	

6.3. Escribe a tus compañeros de clase una presentación.

¡Hola!

Me llamo ...., soy .... y tengo .... años. Soy de ...., una ciudad .... Estudio .... También estudio lenguas: .... para ....

Hasta luego. Besos.

7 Tengo...

7.1. Relaciona cada frase con su dibujo.

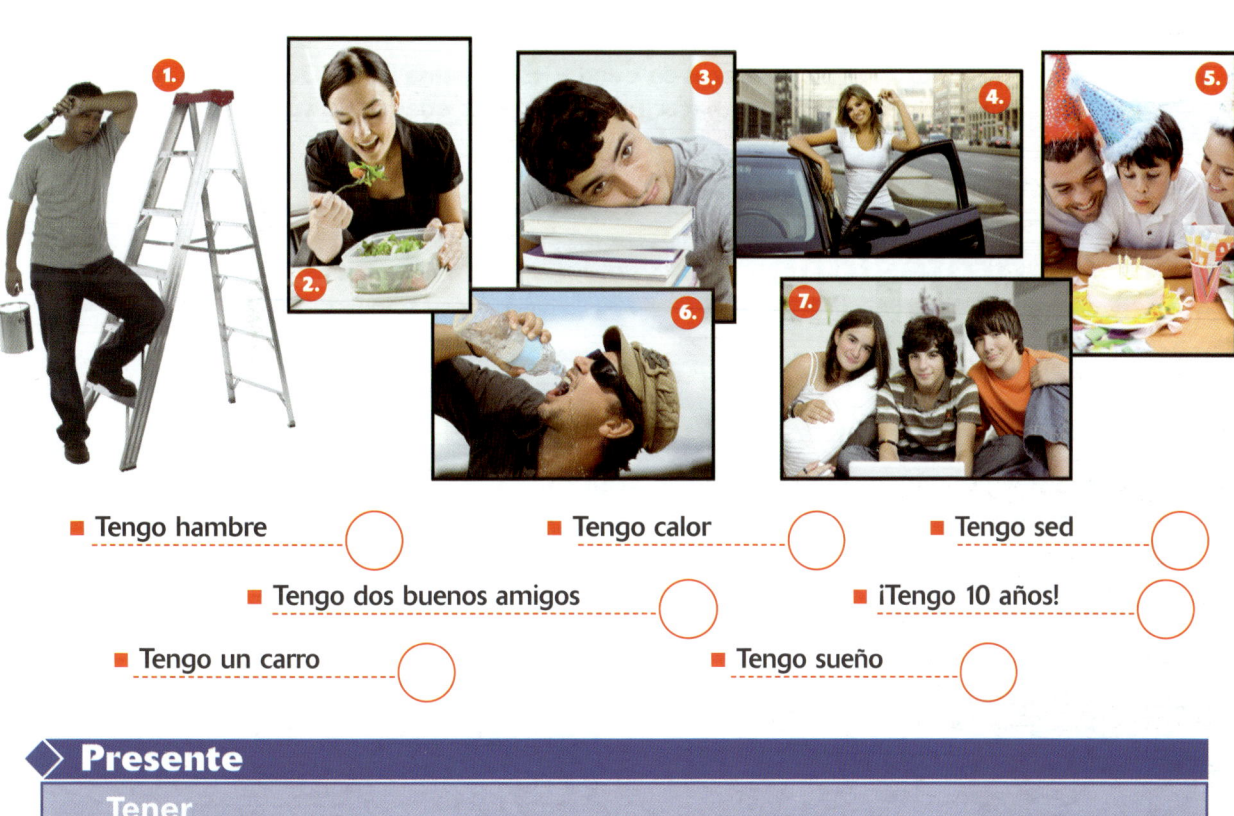

- Tengo hambre
- Tengo calor
- Tengo sed
- Tengo dos buenos amigos
- ¡Tengo 10 años!
- Tengo un carro
- Tengo sueño

◆ Presente

Tener

Yo	**tengo**	Nosotros/as	**tenemos**
Tú •	**tienes**	Ustedes •	**tienen**
Él/ella/usted	**tiene**	Ellos/ellas/ustedes	**tienen**

• **Argentina:** *Vos tenés*   • **España:** *Vosotros/as tenéis*

NIVEL A1. **COMIENZA**   [diecisiete] 17

ⓘ El verbo *tener* sirve para:

- **Expresar posesión y pertenencia**
  - *Javier y Susana tienen una casa grande.*
  - *Carlos tiene un diccionario.*

- **Expresar sensaciones y sentimientos**
  - *Tengo hambre.*
  - *Tengo ilusión.*

- **Decir la edad**
  - *Javier tiene 18 años.*
  - *Y tú, ¿cuántos años tienes?*

7.2. Miren este cuadro. ¿Pueden pensar en tres cosas, edades o sensaciones más?

un celular • calor hambre
televisión a color frío
más de 18 años lentes de sol
una pluma roja una hermana pequeña
un coche deportivo

....
....
....

• **Argentina:** *celular/móvil*

• **España:** *móvil*

7.3. Ahora pregunta a tus compañeros si tienen esas cosas, edad o sensaciones.

Ejemplo: *Oye, ¿tú tienes celular?*

7.4. Pregunta a tus compañeros su edad y escribe una lista. ¿Quién es el mayor?, ¿y el más joven? Pueden también hacer una lista de las edades de sus amigos.

8 Las profesiones

8.1. ¿Cuántas profesiones de las que aparecen en el cuadro conocen?

• **España:** *conductor*

- ○ filósofo/a
- ○ ingeniero/a
- ○ mecánico/a
- ○ astronauta
- ○ cartero/a
- ○ informático/a
- ○ abogado/a
- ○ economista
- ○ administrativo/a
- ○ político/a
- ○ dependiente/a
- ○ escritor/a
- ○ chofer •
- ○ taxista
- ○ arquitecto/a

Pueden buscar en el diccionario las que no saben.

Presente

Trabajar en + lugar

Yo	trabaj**o**	Nosotros/as	trabaj**amos**
Tú	trabaj**as**	Ustedes	trabaj**an**
Él/ella/usted	trabaj**a**	Ellos/ellas/ustedes	trabaj**an**

8.2. Vamos a jugar a las profesiones.

- **Argentina:** *Vos trabajás*
- **España:** *Vosotros /as trabajáis*

Repetimos 9

9.1. Completa el cuadro.

	Ser	Llamarse	Tener	Trabajar
Yo	soy			trabajo
Tú			tienes	
Él/ella/usted		se llama		
Nosotros/as			tenemos	
Ustedes		se llaman		
Ellos/ellas/ustedes				trabajan

¿Qué tal? 10

10.1. Escucha los dos diálogos y completa.
[4]

A
▷ *Hola, Álvaro, ¿qué tal?*
▶ *Bien, gracias. Mira, ella es Teresa.*
▷ *Hola, ¿............................?*
▶ *Muy bien, ¿y tú?*
▷ *Bien, bien. Bueno, hasta luego.*

B
▶ *............................, Sr. López, ¿cómo está?*
▷ *Muy bien, gracias. Mire, le presento a la Srta. Alberti.*
▶ *Encantado.*
▶ *Mucho gusto.*

10.2. Elige la opción correcta.

Diálogo A	☐ En el trabajo	☐ Entre amigos
Diálogo B	☐ En el trabajo	☐ Entre amigos

NIVEL A1. **COMIENZA**

10.3. Completa el cuadro con las expresiones de los diálogos.

Informal

• Para saludar
 – ....
 – Hola, ¿cómo estás?

• Para presentar a alguien
 – .... + nombre

• Para responder a un saludo
 ▶ Hola.
 ▷ ....
 ▶ Bien, ¿y tú?
 ▷ ....

• Para despedirse
 – Adiós.
 – .... /mañana.

Formal

• Para saludar
 – Buenos días, ⎱ Sr. ⎰
 – Buenas tardes, ⎱ Sra. ⎰ ....
 – Buenas noches, ⎱ Srta. ⎰

• Para presentar a alguien
 – Le .... ⎱ al Sr. / a la Sra. / a la Srta. ⎰ + (nombre y) apellido

• Para responder a una presentación
 – ....
 – ....

Para despedirse
 – Adiós.
 – .... /mañana.

ⓘ Presentarse formal e informalmente

• **Informal**
 ▶ *Hola, ¿qué tal? Soy* + nombre.
 ▷ *Hola, (yo) soy* + nombre.

• **Formal**
 ▶ *Hola, ¿cómo está? Soy* + nombre + apellido.
 ▷ *Mucho gusto, encantado/a.*
 ▶ *Igualmente (mucho gusto).*

ⓘ Presentar a alguien formal e informalmente

• **Informal**
 ▶ *Mira, él es Paco.*
 ▷ *Hola, yo soy Ana.*
 ▶ *Hola, ¿qué tal?*

 A *Mira,* | *él/ella es* / *ellos/ellas son* | + nombre(s).
 B *Hola, ¿qué tal?*

• **Formal**
 ▶ *Mire, le presento al señor Torres.*
 ▷ *Mucho gusto, encantado/a.*
 ▶ *Igualmente (mucho gusto).*

 A *Mire, le presento al señor/a la señora/a los señores* + apellido.
 B *Mucho gusto, encantado/a.*
 C *Igualmente (mucho gusto).*

10.4. Preséntate a tu compañero con una falsa identidad y después completa el cuadro con sus datos.

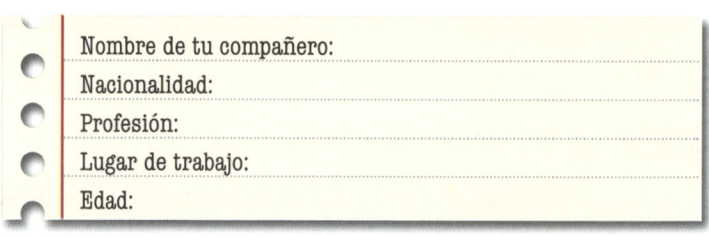

Nombre de tu compañero:
Nacionalidad:
Profesión:
Lugar de trabajo:
Edad:

Ahora, presenta a tu compañero a la clase.

Repetimos 11

11.1. Marca las letras que escuches.
[5]

Z Y X W V U T S R Q
K I J L LL M N Ñ O P
H G F E D CH C B A

11.2. Escucha.
[6]

Letras y sonidos en español

B / V	**B**ienvenida, **v**estido, **v**aca, **b**alón
LL / Y	**Ll**ave, **ll**egada, chi**ll**ido, **ll**orar, **ll**uvia, **y**a, a**y**er, **y**in, **y**ogur, **y**uca
C + e, i	**C**erveza, **c**igarro
Z + a, e, i, o, u	**Z**apato, **z**eta, **z**igzag, **z**orro, **z**urdo
S + a, e, i, o, u	**S**aludo, **s**eis, **s**iete, **s**on, **s**ueño
J + a, e, i, o, u **G** + e, i	**J**amón, **j**efe, **j**irafa, **j**oven, **j**ueves, **g**eneral, **g**irasol
G + a, o, u **Gu** + e, i	**G**ato, **g**uerra, **g**uitarra, **g**ordo, **g**uante
C + a, o, u **Qu** + e, i **K** + a, e, i, o, u	**C**asa, **c**osa, **c**uchara, **qu**eso, **qu**into, **k**arate, **k**éfir, **k**ilómetro, **k**oala, **k**uwaití

11.3. Escucha e identifica las palabras y la frase.
[7]

quinto, Guatemala, sueco, café, Suiza, agua, España, cuántos, papaya, México, ingeniero, tango, cinco, Paraguay, frijol, ¿qué tal?

11.4. Escucha y escribe según el modelo.
[8]

Ejemplo: [Q][U] eso

1. fran[ ]és
2. portu[ ][ ]és
3. Bél[ ]ica
4. sue[ ]as
5. [ ]oven
6. on[ ]e
7. [ ][ ]atro
8. [ ]erveza
9. [ ]arabe
10. [ ]amón
11. [ ]igarro
12. [ ]apato
13. [ ]ueves
14. [ ][ ]ante

NIVEL A1. COMIENZA   [veintiuno] 21

11.5. Primero lee, después escucha y relaciona.
[9]

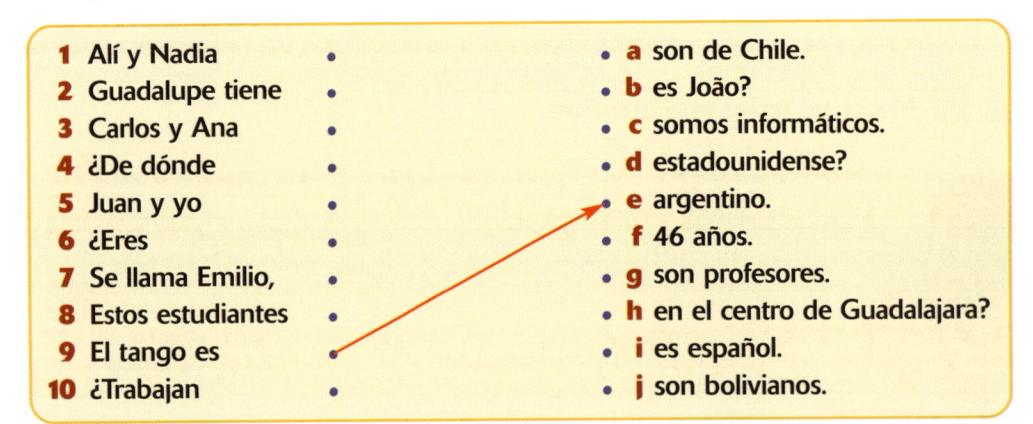

1 Alí y Nadia	a son de Chile.
2 Guadalupe tiene	b es João?
3 Carlos y Ana	c somos informáticos.
4 ¿De dónde	d estadounidense?
5 Juan y yo	e argentino.
6 ¿Eres	f 46 años.
7 Se llama Emilio,	g son profesores.
8 Estos estudiantes	h en el centro de Guadalajara?
9 El tango es	i es español.
10 ¿Trabajan	j son bolivianos.

12 Escucha

12.1. Escucha.
[10]

1. ▷ Me llamo Paula y trabajo en Montevideo.
   ▶ *Más alto, por favor.*

2. ▷ ¿Cómo se escribe tu nombre?
   ▶ Pe, a, u, ele, a.

3. ▷ Soy colombiana de Barranquilla.
   ▶ *Más despacio, por favor.*

4. ▷ Cua-der-no. ¿Está bien así?
   ▶ Sí, muy bien.

5. ▷ ¿Cómo te llamas?
   ▶ *¿Puedes repetir, por favor?*
   ▷ Que cómo te llamas.

6. ▷ ¿Cómo se dice *hello* en español?
   ▶ *Hola*, se dice *hola*.

12.2. Escucha y reacciona con una expresión de supervivencia.
[11]

Autoevaluación

1. ¿Qué letras corresponden a sonidos diferentes en tu lengua? ¿Hay alguna letra que no exista?

   A   C   CH   E   G   I   J   LL   Ñ   R   U   V   Z

2. Señala qué información puedes dar ya en español.

   ☐ Tu nombre ☐ Tu profesión ☐ Tu edad ☐ Saludar y despedirte ☐ Contar ☐ Deletrear

3. Escribe diez palabras que aprendiste en esta lección.

4. ¿El español es fácil o difícil? ¿Es similar a tu lengua? ¿Qué palabras son similares?

Nos conocemos

FAMOSAS LATINOAMERICANAS

1. ¿Sabes quiénes son estas personas? Sus fotos aparecen en prensa, televisión, cine, Internet… ¡Son famosas! Tu compañero tiene la información que falta. Pregúntale para conocer los nombres y apellidos de tus personajes.

ALUMNO A

| .... | .... | Gloria .... | .... | .... |
| Hayek | Kahlo | | Cruz | Mebarak |

ALUMNO B

| Salma | Frida | .... | Penélope | Shakira |
| .... | .... | Estefan | .... | .... |

2. Estas son sus breves biografías. Por parejas lean los textos y decidan a qué personaje de los anteriores corresponden.

Nace en 1966 en Veracruz (México). Profesión: actriz, empresaria y productora. Protagonista en las telenovelas: *Un nuevo amanecer* y *Teresa*. Actriz en las películas *Desperado* (1995), *Mi vida loca* (1993) y *Bandidas* (2005), entre otras.

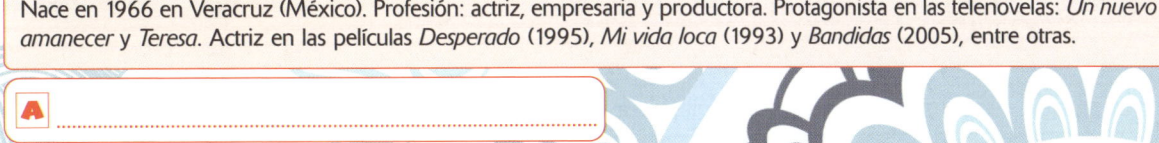

A ....

Nace en 1977 en Barranquilla (Colombia). Profesión: cantante. Es la estrella latinoamericana más importante en los últimos años. Ganadora de 2 *Premios Grammy* y 7 *Grammy Latinos*. Algunas de sus canciones son: *Estoy aquí, Ciega, sordomuda, La tortura, Whenever, wherever* y *Waka waka (Esto es África)*, tema oficial del Mundial de Sudáfrica 2010.

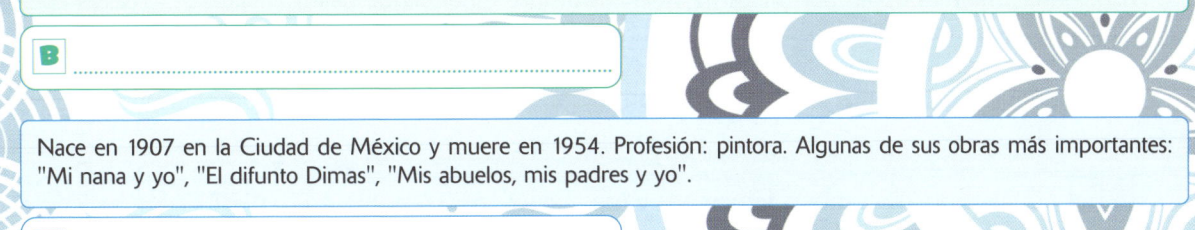

B ....

Nace en 1907 en la Ciudad de México y muere en 1954. Profesión: pintora. Algunas de sus obras más importantes: "Mi nana y yo", "El difunto Dimas", "Mis abuelos, mis padres y yo".

C ....

NIVEL A1. **COMIENZA** [veintitrés] 23

Nace en La Habana (Cuba) en 1957. Profesión: cantante, compositora y actriz. Conocida comúnmente como la *Madre del pop Latino* o también como *la Madonna latina* por ser la cantante latina que pone de moda el género pop latino universalmente. Algunos de sus éxitos: *Dr. Beat, Conga, Mi tierra, Alma caribeña*.

D ....

Nace en 1974 en Madrid (España). Profesión: actriz. Algunas de sus películas: *Belle Époque* (1992), *Abre los ojos* (1997), *La niña de tus ojos* (1998), *Todo sobre mi madre* (1999), *Woman On Top* (2000), *La mandolina del capitán Corelli* (2001), *Volver* (2006). Óscar de Hollywood con *Vicky Cristina Barcelona* (2008), *Nine* (2009).

E ....

3. Elijan un personaje famoso de un país de Latinoamérica y otro de España y escriban en su cuaderno su biografía como en la actividad anterior. Pueden buscar información sobre ellos en Internet o en revistas de espectáculos.

4. ¿Verdadero o falso? Antes de escuchar la noticia, elige la opción correcta según tu opinión.

	V	F
a. En España, la gente tiene dos apellidos.	○	○
b. Las mujeres españolas pierden sus apellidos cuando se casan.	○	○
c. La mayoría de países de Latinoamérica no utiliza los dos apellidos.	○	○
d. El primer apellido es el de la familia paterna, el segundo el de la familia materna.	○	○
e. En Argentina, mantiene su primer apellido seguido de "de" y del apellido de su marido.	○	○

4.1. [12] Escucha esta noticia sobre los nombres y apellidos en países de habla hispana y comprueba las respuestas con las de tu compañero.

4.2. Escucha de nuevo y completa las frases.

a. En México, las mujeres mantienen su primer apellido seguido de ....
b. En Perú y la República Dominicana, las mujeres normalmente ....
c. En Argentina se utiliza solo el apellido ....
d. Algunas mujeres optan por utilizar la vieja costumbre española de usar .... más el apellido paterno de su marido.
e. En Cuba y en Nicaragua, tanto hombres como mujeres llevan sus dos apellidos. Ambos son importantes igualmente .... y son .... para cualquier documento oficial.

5. ¿Cuáles son los nombres femeninos y masculinos más comunes en tu país? ¿Y los apellidos? ¿Conoces el significado de los apellidos en tu lengua?

Unidad 2

Contenidos funcionales
- Preguntar y decir la dirección
- Pedir y dar información espacial: ubicar cosas y personas
- Describir objetos y lugares

Contenidos gramaticales
- Presentes regulares: *-ar/-er/-ir*
- Usos *tú/usted*
- Género y número en los sustantivos y adjetivos
- Uso de artículo determinado e indeterminado. Presencia y ausencia
- Interrogativos: *¿Dónde/Qué/Quién?*
- Contraste *hay/está-n*
- Locuciones prepositivas

Contenidos léxicos
- Objetos de clase, de escritorio y personales
- Los colores
- Léxico relacionado con las direcciones
- La casa: distribución y mobiliario

Contenidos culturales
- Formas de tratamiento en español
- La correspondencia

Nos conocemos
- Tipos de vivienda en Latinoamérica

1 La clase

1.1. Aquí tienes palabras relacionadas con objetos de la clase y personales. Con tu compañero, busquen los objetos y nómbrenlos.

- ☒ • Un lápiz
- ☐ • Un plumón •
- ☐ • Una pluma •
- ☐ • Un portafolios
- ☐ • Una goma
- ☐ • Un cuaderno
- ☐ • Un libro
- ☐ • Un diccionario
- ☐ • Un borrador
- ☐ • Un cesto de basura
- ☐ • Una puerta
- ☐ • Una silla
- ☐ • Un tablero de corcho
- ☐ • Un cartel
- ☐ • Una agenda
- ☐ • Un pizarrón
- ☐ • Una hoja
- ☐ • Una mochila
- ☐ • Una mesa
- ☐ • Una tarjeta

1.2. Busca en el diccionario las palabras que todavía no conoces.

• **Argentina:** *birome o lapicera (pluma) y marcador (plumón)*

• **España:** *bolígrafo (pluma) y rotulador (plumón)*

1.3. Coloca en estos dos cuadros las palabras nuevas.

Mobiliario escolar	Útiles escolares

1.4. El ahorcado.

☐ ☐ e ☐ a   s,

1.5. Seguimos jugando.

26 [veintiséis]   UNIDAD **2**   PRISMA LATINOAMERICANO

El **presente** 2

2.1. Escribe las palabras adecuadas debajo de los dibujos.

> Escribir • Aventar • Tomar • Escuchar • Borrar • Mirar
> • Meter en • Buscar • Abrir • Leer

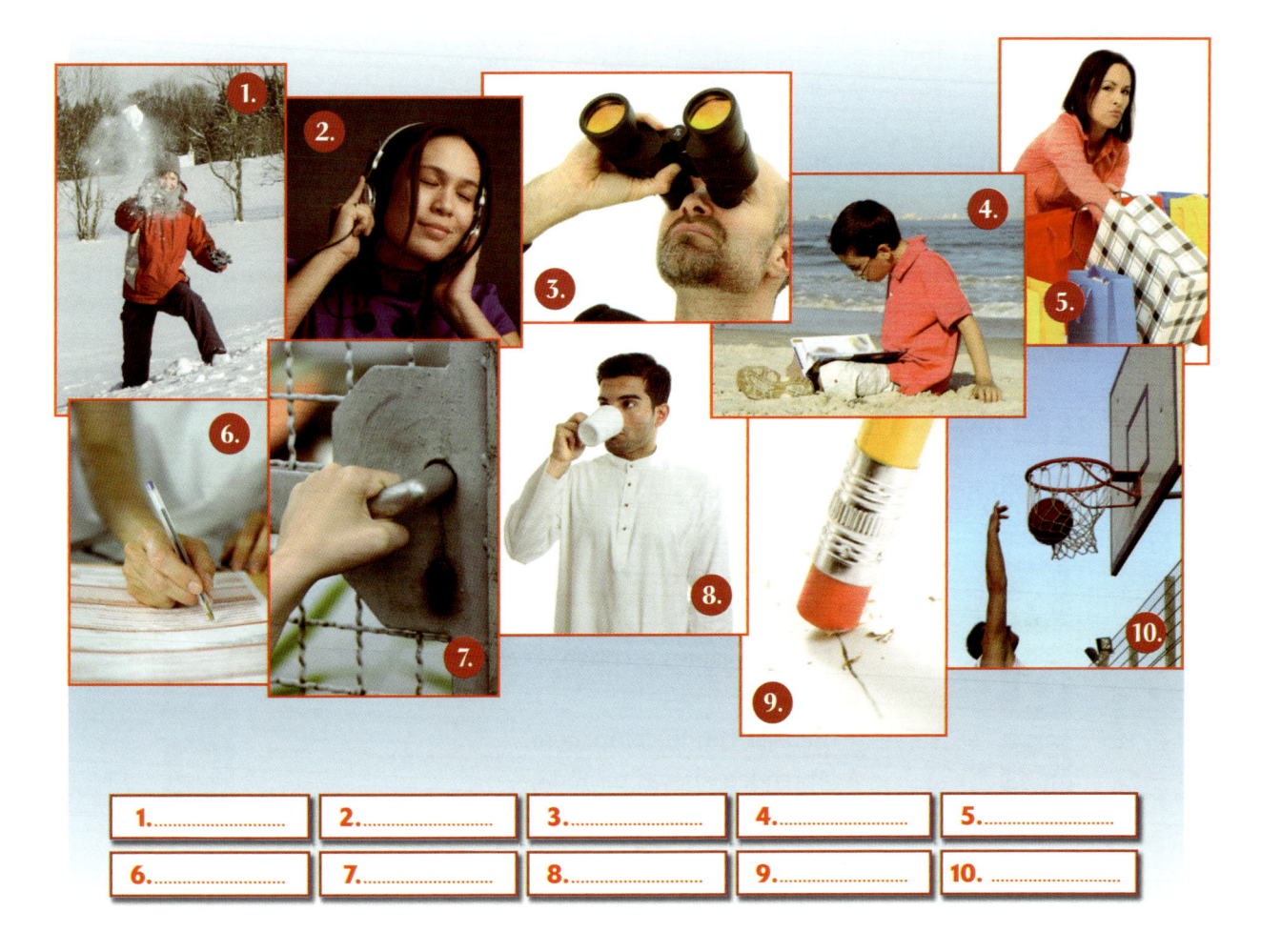

| 1. .... | 2. .... | 3. .... | 4. .... | 5. .... |
| 6. .... | 7. .... | 8. .... | 9. .... | 10. .... |

2.2. Ahora, clasifica los verbos según su terminación.

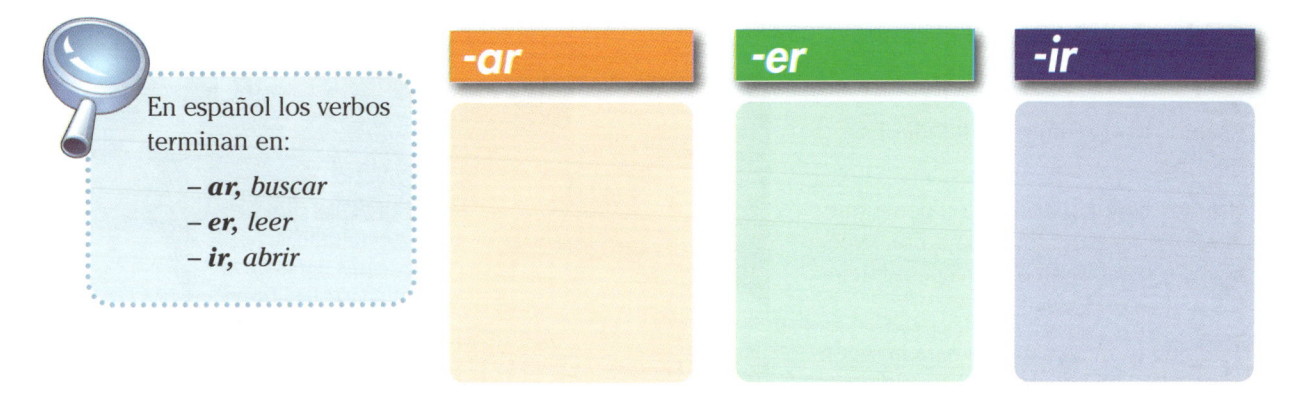

En español los verbos terminan en:
- **ar**, buscar
- **er**, leer
- **ir**, abrir

-ar	-er	-ir

NIVEL A1. **COMIENZA** [veintisiete] 27

2.3. **Completa el cuadro. Te damos todas las formas.**

• leen • leo • hablan • abre • leemos • hablas • abrimos • abren

	hablar	leer	abrir
Yo	hablo		abro
Tú •		lees	abres
Él, ella, usted	habla	lee	
Nosotros/as	hablamos		
Ustedes •		leen	
Ellos, ellas, ustedes	hablan		abren

2.4. **Ahora comprueba.**

• **Argentina:** *Vos hablás / leés / abrés*

• **España:** *Vosotros/as habláis / leéis / abrís*

2.5. **Relaciona los verbos del ejercicio 2.2. con las palabras del cuadro del ejercicio 1.1. y haz frases.**

Ejemplo: Escribir + pluma: *La pluma escribe bien.*

2.6. **Relaciona los verbos con los dibujos.**

1 Luis escucha el CD.
2 Leen los ejercicios.
3 Hablamos todos juntos.
4 El profesor explica.
5 Los estudiantes escriben en el cuaderno.
6 Jugamos.
7 Trabajas con tu compañero.
8 Aprenden nuevas palabras.

3 Tú o usted

3.1. **Lee.**

Usamos **tú** con amigos y familia. Es informal.

Usamos **usted/ustedes** con gente que no conocemos, en el trabajo, con superiores o como marca de respeto hacia los padres. Es formal.

También usamos **ustedes** para la segunda persona del plural, formal o informal.

¿Qué haces?

Preparo la comida, ¿me ayudas?

Srta. Martínez, ¿me puede sacar estos datos de la computadora, por favor? Es urgente.

Con mucho gusto.

3.2. Escucha los diálogos y clasifícalos en formal e informal.
[13]

	formal	informal		formal	informal
diálogo 1	☐	☐	diálogo 3	☐	☐
diálogo 2	☐	☐	diálogo 4	☐	☐

El **género** y el **número**   4

4.1. Busca estas palabras en el diccionario y di si son masculinas o femeninas.

	Masc.	Fem.		Masc.	Fem.		Masc.	Fem.
1. cartel	○	○	**6.** día	○	○	**11.** pluma	○	○
2. mapa	○	○	**7.** mamá	○	○	**12.** problema	○	○
3. agenda	○	○	**8.** libro	○	○	**13.** calle	○	○
4. cochera	○	○	**9.** cuaderno	○	○	**14.** tema	○	○
5. pizarrón	○	○	**10.** mano	○	○	**15.** lección	○	○

4.2. Relaciona las palabras de las columnas.

1	Un libro	•	•	a	roja
2	Una agenda	•	•	b	morados
3	Unos cuadernos	•	•	c	rojo
4	Unas mochilas	•	•	d	negras

4.3. Lee.

El mar es **azul**.

Los árboles son **verdes**.

Las nubes son **blancas**.

Los jitomates son **rojos**.

Los plátanos son **amarillos**.

La noche es **negra**.

El humo es **gris**.

NIVEL A1. **COMIENZA**   [veintinueve] **29**

4.4. ¿De qué color son estas cosas?

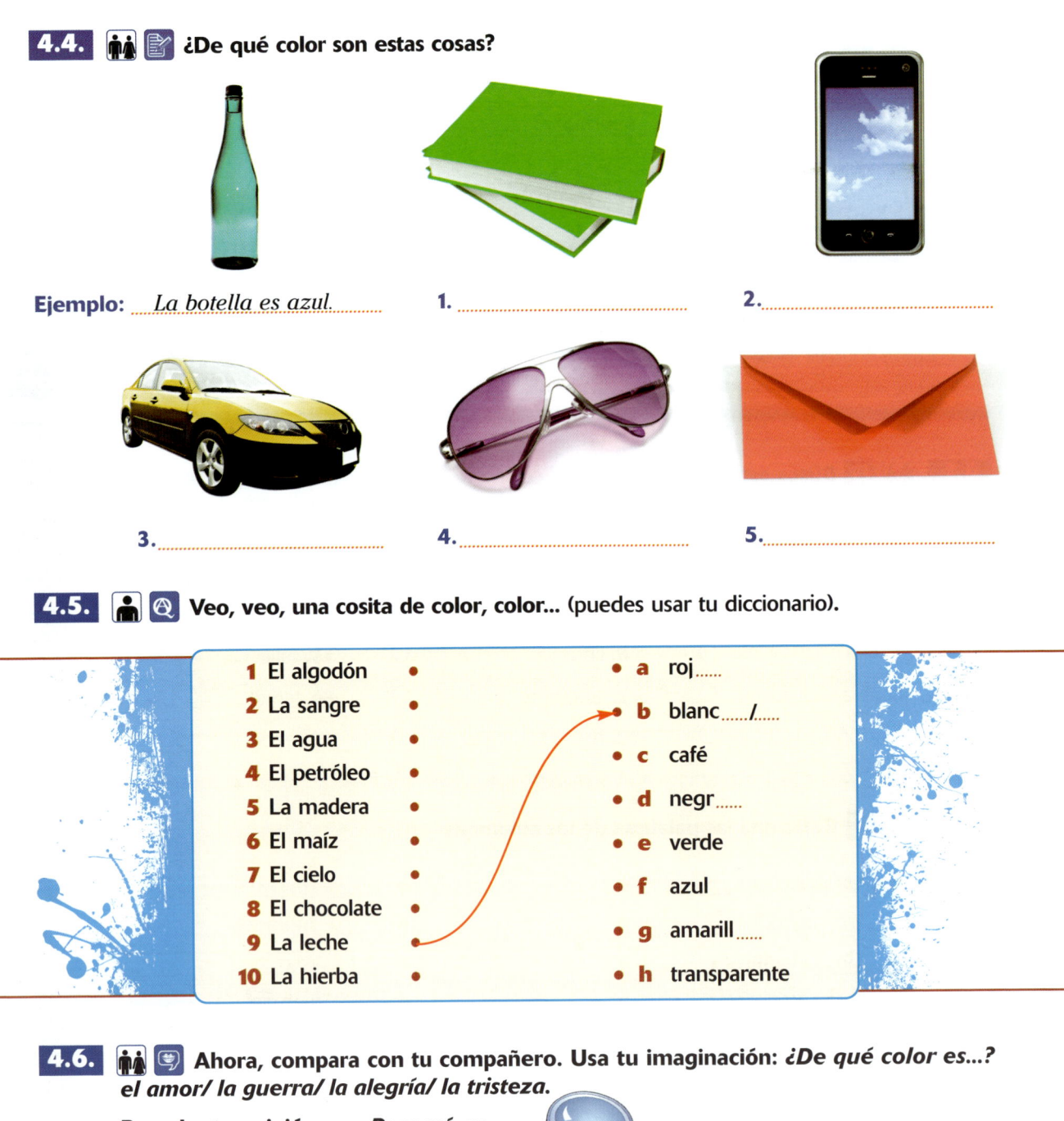

Ejemplo: *La botella es azul.*   1. _____   2. _____

3. _____   4. _____   5. _____

4.5. Veo, veo, una cosita de color, color... (puedes usar tu diccionario).

1 El algodón	a roj......
2 La sangre	b blanc....../......
3 El agua	c café
4 El petróleo	d negr......
5 La madera	e verde
6 El maíz	f azul
7 El cielo	g amarill......
8 El chocolate	h transparente
9 La leche	
10 La hierba	

4.6. Ahora, compara con tu compañero. Usa tu imaginación: *¿De qué color es...?* **el amor/ la guerra/ la alegría/ la tristeza.**

Para dar tu opinión usa: *Para mí, es...*

¿De qué color es el amor?

Para mí, es blanco. La inocencia.

Pues, para mí, es rojo. La pasión.

	masculino	femenino
singular	El libro **blanco**	La casa **blanca**
	El libro **grande**	La casa **grande**
	El libro **azul**	La casa **azul**
plural	Los libros **blancos**	Las casas **blancas**
	Los libros **grandes**	Las casas **grandes**
	Los libros **azules**	Las casas **azules**

UNIDAD **2** PRISMA LATINOAMERICANO

4.7. Escucha las palabras y escríbelas en la columna correspondiente.
[14]

masculino	femenino

4.8. Completa el texto con las palabras del cuadro.

blanco • alto • rojas • grande • extraño • antiguos • oscuros

En **el** salón 34 hay **una** mesa (1)................... para **el** profesor. Hay sillas (2)..................., **un** pizarrón (3)................... y **un** planisferio. En **el** salón 34 hay diecisiete estudiantes. **Los** estudiantes ahora no están, porque son **las** siete de la mañana. **Un** hombre (4)..................., (5)................... y con lentes (6)................... entra en el salón. **El** hombre está nervioso. Busca algo. Toma **unos** libros (7)................... del librero y **unas** carpetas de plástico y sale deprisa...

4.9. Ahora, con las palabras resaltadas, completa el cuadro.

EL ARTÍCULO	Masculino	Femenino
Singular	.... /	la / ....
Plural	.... / unos	.... / unas

Los artículos determinados **el/la/los/las** sirven para identificar y hablar de un objeto o ser que conocemos o del que ya hemos hablado.
– *Los estudiantes de mi grupo son simpáticos.*

Los artículos indeterminados **un/una/unos/unas** sirven para hablar de un objeto o ser por primera vez o cuando no queremos especificar.
– *En la clase hay una estudiante que se llama Paula.*

4.10. Completa el texto con los artículos *un, una, unos, unas*.

En el salón 117 hay (1)............... profesora que tiene (2)............... pluma en (3)............... mano, y corrige (4)............... ejercicios de gramática.

(5)............... estudiante tiene (6)............... problema con los artículos: (7)..............., (8)..............., (9)............... y (10).............. La profesora le dice: "Fíjate", (11)............... pluma, (12)............... cuaderno, (13)............... hojas y (14)............... libros.

NIVEL A1. **COMIENZA** [treinta y uno] **31**

5 ¿Qué **dirección** tienes?

5.1. Relaciona.

1	Sr.	a	primero
2	1.º	b	señor
3	Sra.	c	quinto
4	Depto.	d	remitente
5	Pza.	e	número
6	Izda.	f	calzada
7	5.º	g	cuarto
8	@	h	arroba
9	Blvd.	i	avenida
10	Av.	j	plaza
11	4.º	k	departamento
12	#	l	segundo
13	3.º	m	señora
14	Rte.	n	tercero
15	2.º	ñ	boulevard
16	Calz.	o	izquierda

5.2. Lee.

Luis del Bosque Encantado
C/ Manuel M. Diéguez # 438 Depto. A
Guadalajara, Jal., 44600
México

Mónica Nerea Perea
Av. Hidalgo #28. Int. 2
Veracruz, Ver. 36300

ñ
Eva Ramírez
Profesora de español

Av. Insurgentes Sur N.º 3806 A,
04510, México, D.F.

Página 1 de 1

De: Charles Gates <cgates007@mixmail.com>
Para: Laura Toms <spanish@academico.mx>
Fecha: jueves 14 octubre 2010 14:27

Hola, Laura, ¿qué tal?

5.3. Responde ahora a estas preguntas.

1. ¿Dónde vive Luis del Bosque Encantado?
2. ¿En qué dirección vive Mónica?
3. ¿En qué número vive Eva?
4. ¿Quién escribe el correo electrónico? Escribe su dirección.
5. ¿Qué dirección de correo electrónico tiene Laura?

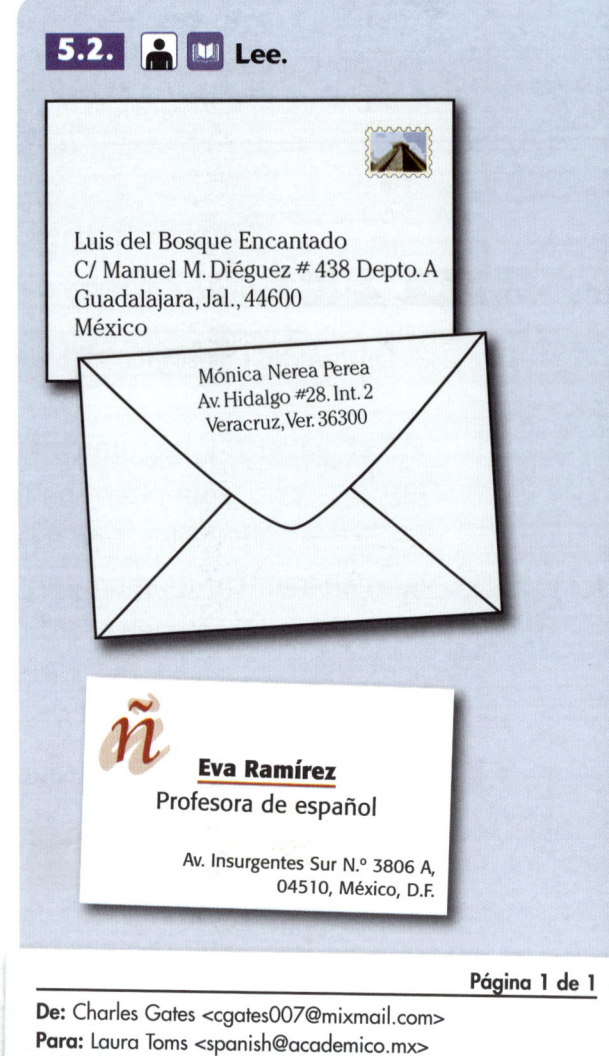

5.4. Relaciona.

1	¿Quién escribe la carta?	a	En la C/ Lázaro Cárdenas
2	¿En qué calle vive Juan?	b	En Monclova, Coahuila
3	¿Dónde viven tus padres?	c	Adolfo Fernández Ríos
4	¿Qué dirección de correo electrónico tiene tu profesor?	d	coso3@hotmail.com

Preguntar y decir la dirección

▶ **¿Dónde** + vivir?   ▶ **¿En qué** + calle/número/departamento?
▶ Vivir **en**...

[treinta y dos] UNIDAD 2 PRISMA LATINOAMERICANO

- Para preguntar por un lugar usamos **¿Dónde...?**
    - *¿Dónde vives?*
- Para preguntar por la identidad de cosas, acciones, palabras, etc., usamos **¿Qué...?**
    - *¿Qué dirección de correo electrónico tienes?*
- Para preguntar por una persona usamos **¿Quién...?**
    - *¿Quién eres?*

5.5. Escribe la información que tienes de Eva (ejercicio 5.2.).

5.6. Ahora, pregunta a tu compañero su dirección en la Ciudad de México y escríbela en el sobre. Escribe también tu remitente en Guadalajara, Jal., México.

¿Dónde está Félix? 6

Félix está delante de la mesa.

Félix está detrás de la mesa.

Félix está encima de la mesa.

Félix está debajo de la mesa.

Félix está cerca de la mesa.

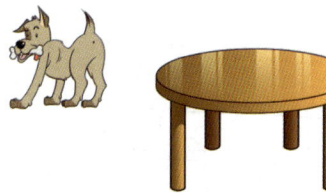

Félix está lejos de la mesa.

CONTINÚA

Félix está dentro de la caja.

Félix está fuera de la caja.

Félix está al lado de la mesa.

Félix está entre la caja y la mesa.

Félix está a la izquierda de la mesa.

Félix está a la derecha de la mesa.

de + el = del
El perro está delante **del** reloj.

a + el = al
El perro está **al** lado de la mesa.

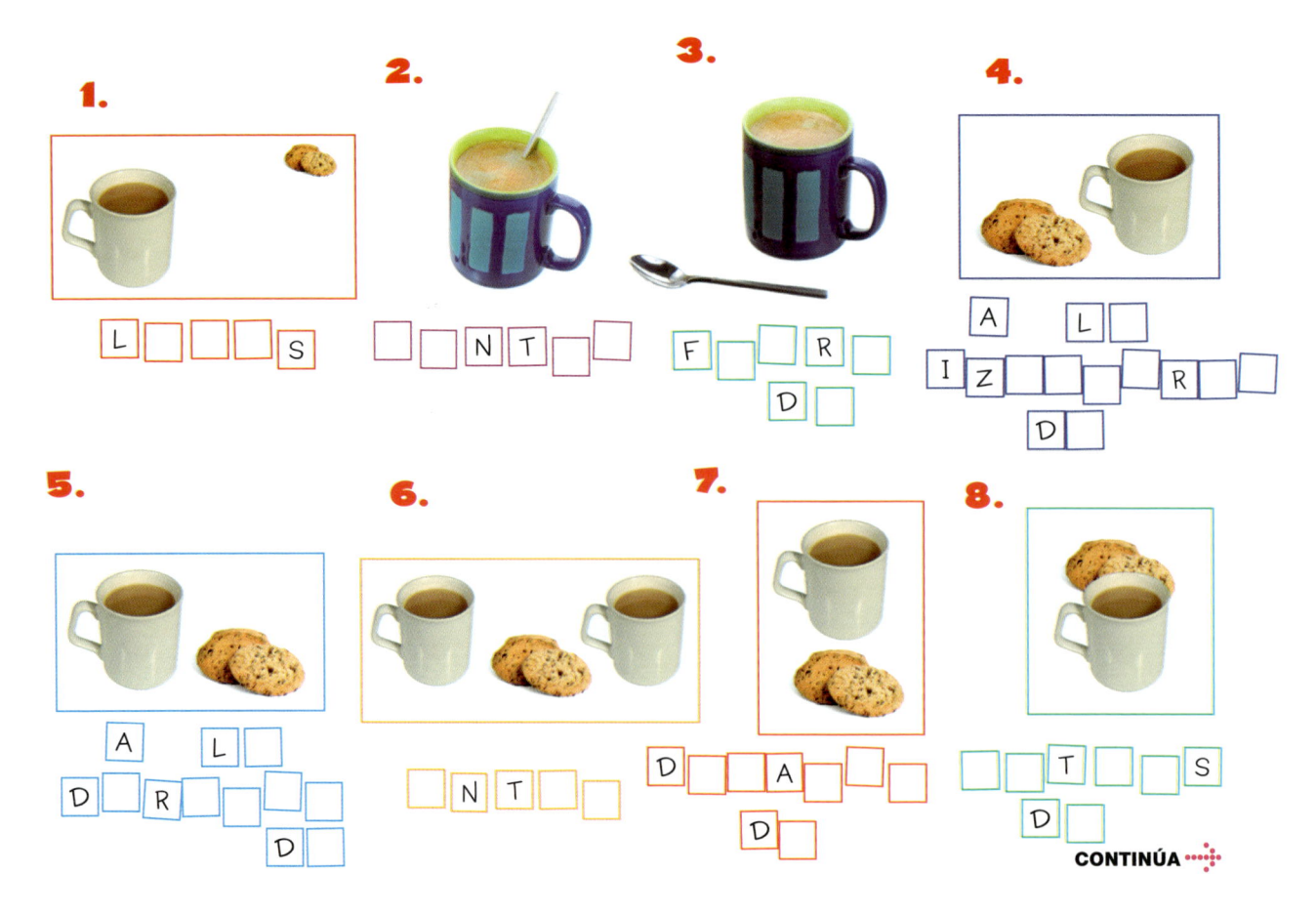

6.1. Completa con las letras que faltan.

1. L _ _ _ S

2. _ N T _ _

3. F _ _ R _
   D _

4. A L _
   I Z _ _ _ R _
   D _

5. A L _
   D _ R _ _
   D _

6. _ N T _

7. D _ _ A _ _ _
   D _

8. _ _ _ T _ S
   D _

CONTINÚA

34 [treinta y cuatro]

UNIDAD 2 PRISMA LATINOAMERICANO

9. ▶ ☐☐B☐J☐ D☐

10. E☐☐I☐A D☐

11. ◀ A L☐☐ D☐

12. C☐☐C☐ D☐

6.2. 👤 📝 **Relaciona la palabra con el objeto.**

- El librero
- Las bandejas
- La silla
- El bote de los lápices
- La computadora
- La lámpara
- El teléfono
- El cesto de basura
- El escritorio

6.2.1 👥 💬 **Con tu compañero, sitúa los objetos del dibujo.**

Ejemplo: *La computadora está encima de la mesa.*

6.3. 👤 📖 **Lee.**

Mi lugar favorito es el estudio. Es un cuarto amplio y luminoso. En el suelo **hay** un tapete oaxaqueño. Tengo una mesa grande de madera. La ventana **está** a la derecha de la mesa. Encima de la mesa siempre **hay** muchas cosas: papeles, plumas, revistas, libros. Los periódicos **están** siempre en el revistero. La computadora **está** en un mueble especial, a la izquierda de la mesa. Al lado de la computadora **hay** un librero y cerca del librero, exactamente entre el librero y la puerta, **hay** una planta verde y enorme.

NIVEL A1. **COMIENZA** [treinta y cinco] **35**

6.3.1. Con tu compañero, dibuja el plano del estudio.

6.3.2. Escribe en la tabla la forma verbal adecuada y busca los ejemplos en el texto 6.3.

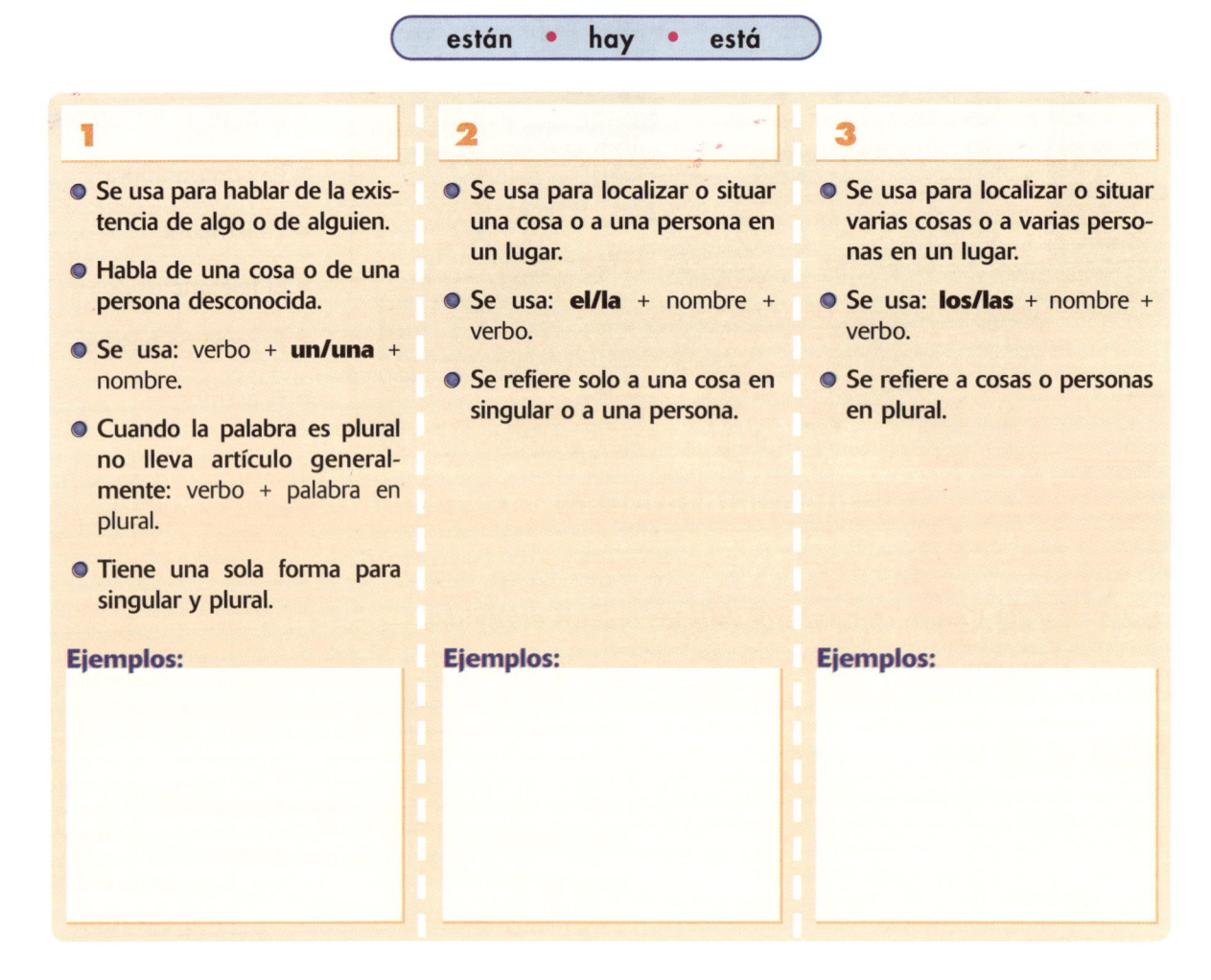

están • hay • está

1	2	3
• Se usa para hablar de la existencia de algo o de alguien. • Habla de una cosa o de una persona desconocida. • Se usa: verbo + **un/una** + nombre. • Cuando la palabra es plural no lleva artículo generalmente: verbo + palabra en plural. • Tiene una sola forma para singular y plural.	• Se usa para localizar o situar una cosa o a una persona en un lugar. • Se usa: **el/la** + nombre + verbo. • Se refiere solo a una cosa en singular o a una persona.	• Se usa para localizar o situar varias cosas o a varias personas en un lugar. • Se usa: **los/las** + nombre + verbo. • Se refiere a cosas o personas en plural.
Ejemplos:	**Ejemplos:**	**Ejemplos:**

6.4. Con tu compañero, escribe cinco cosas que hay en tu clase y cinco que no hay.

Ejemplo: *En la clase hay un pizarrón, pero no hay videos musicales.*

6.4.1. Ahora, escribe dónde están las cosas que hay.

Ejemplo: *El pizarrón está detrás del escritorio.*

La casa 7

7.1. Acá tienes cuatro cuartos de una casa. Señala cuál es la cocina, la sala, la recámara y el baño.

7.2. Con tu compañero clasifica las palabras por cuartos. Puedes usar el diccionario.

sofá • lavadora • cama • lavabo • tina • sillón
mesita de noche • excusado • almohada • fregadero • refrigerador

• **Argentina:** *dormitorio*

• **España:** *dormitorio*

Sala	Cocina	Recámara	Baño

7.2.1. Piensa en una cosa que hay en los cuartos de los dibujos. Tus compañeros te hacen preguntas hasta adivinar qué es. Solo puedes decir, sí o no.

Ejemplo: ▷ *¿Está en el baño?*
▶ *Sí.*
▷ *¿Está al lado del lavabo?*
▶ *No.*

NIVEL A1. **COMIENZA** [treinta y siete] **37**

7.3. [15] Ahora, clasifica las palabras que escuches. Algunas las puedes clasificar en más de un apartado.

Sala	Recámara	Baño	Cocina	Estudio

7.4. [16] Escucha esta canción española titulada *Nuestro cuarto* y marca con un círculo los nombres de los muebles y objetos que escuches.

- cama
- silla
- sillón
- cuadro
- sofá
- computadora
- mesita
- cómoda
- lámpara
- alfombra
- espejo
- radio

7.5. Veo, veo.

8 Repetimos

8.1. Buscando al compañero de departamento ideal.

8.2. [17] Señala con una ✘ la frase que escuches.

1. Vives en una casa grande.
2. ¿Vives en una casa grande?
3. La escuela está cerca de la parada.
4. ¿La escuela está cerca de la parada?
5. No tienes diccionario.
6. ¿No tienes diccionario?
7. Está a la derecha del clóset.
8. ¿Está a la derecha del clóset?
9. Tenemos muchos ejercicios para casa.
10. ¿Tenemos muchos ejercicios para casa?
11. Son estadounidenses.
12. ¿Son estadounidenses?
13. Tienes una pluma azul.
14. ¿Tienes una pluma azul?

Autoevaluación

1. Relaciona: Colores • La casa • La clase

Goma, Pizarrón, Libro, Pluma, Carpeta, Lápiz, Cuaderno

Espejo, Cama, Tina, Sillón, Sofá, Horno, Recámara

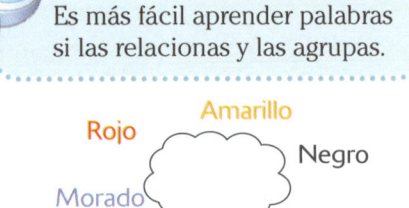

Rojo, Amarillo, Negro, Morado, Verde, Azul

Es más fácil aprender palabras si las relacionas y las agrupas.

2. Tengo problemas con:

☐ Hay, está/están ☐ Los cambios de género y número: *El cartel rojo, los carteles rojos*

☐ las palabras, porque:

☐ No las comprendo ☐ Necesito el diccionario constantemente ☐ No puedo pronunciarlas

☐ No puedo recordarlas. Son difíciles ☐ Son muchas palabras nuevas

Nos conocemos

TIPOS DE VIVIENDA EN LATINOAMÉRICA

1. Habla con tu compañero.
- ¿Creen que el tipo de vivienda refleja la forma de vida o el nivel socioeconómico de las personas que viven en ella?
- ¿Piensan que existen grandes diferencias entre las casas de las ciudades o del campo?

2. Vas a ver algunos tipos de vivienda rural en Latinoamérica para conocer un poco más a su gente y las diferencias entre las distintas viviendas de campo o de ciudad. Lee los siguientes textos y relaciona cada uno con una imagen.

La vida en el campo

1   2   3

4   5

A El **rancho** es una vivienda de campesinos. Los ranchos son de ladrillo y tienen un techo de rama o paja. Están fuera de la ciudad, en áreas de América del Sur: Paraguay y Bolivia. También están en Uruguay y Venezuela, pero dentro de la ciudad.

B La **hacienda** es una vivienda y un lugar de trabajo. Es una gran extensión de terreno en el campo. Compuesta por una casa de una sola planta de estilo colonial con patio central y forma de "L" o "U", con jardines, establos y las casas de los capataces y de los trabajadores que están a los lados.

C El **bohío** es un tipo de cabaña utilizada por los indios taínos, de planta circular, construida en madera, paja y barro, y sin ventanas. Esta vivienda es muy atractiva turísticamente y está muy extendida, especialmente en la República Dominicana.

D La **choza** es una casa colectiva, a veces temporal, utilizada por campesinos donde viven varias familias. Está hecha de palos y ramas.

E Un **palafito** es una construcción con pilares en los lagos, las lagunas, los caños y situada al borde del mar. Se encuentra en Chile, Argentina, Venezuela, Panamá, Perú y Colombia.

3. Completa estas frases sobre los textos de la actividad anterior y compara las respuestas con las de tu compañero.

a) Puedes ver ranchos en las ciudades de ....

b) Las haciendas son de estilo .... A los lados están las casas de los .... y de los ....

NIVEL A1. **COMIENZA** [treinta y nueve] 39

c) El bohío es una .... de planta circular construida en madera, paja y barro, sin ....

d) .... es una casa colectiva utilizada por campesinos donde viven ....

e) .... es una construcción con ...., en los lagos, las lagunas o al borde del mar.

4. Di si las siguientes afirmaciones sobre la vida en el campo o la ciudad en Latinoamérica te parecen verdaderas o falsas.

	Antes de escuchar			Después de escuchar	
	Verdadero	Falso		Verdadero	Falso
1.	☐	☐	La división de clases socioeconómicas no es tan marcada en Latinoamérica.	☐	☐
2.	☐	☐	En las ciudades, las personas más pobres viven en ranchos, casas de vecindad o villas miserias.	☐	☐
3.	☐	☐	La clase media vive en quintas, villas o condominios de lujo.	☐	☐
4.	☐	☐	En el campo las clases acomodadas viven en casas solariegas.	☐	☐
5.	☐	☐	Las churuatas, los palafitos o las rucas son viviendas de origen indígena.	☐	☐

4.1. Escucha esta entrevista y comprueba las respuestas anteriores con tu compañero.
[18]

5. Vamos a hablar de **La vida en la ciudad**. Coloquen cada una de estas definiciones debajo de la foto que le corresponde.

A) La casa quinta: son uno o más chalés en el interior de una extensión amplia de terreno. Tienen piscina y espacios para practicar deportes.

B) El departamento: es una unidad de cubierta y autónoma que ocupa solamente parte de un edificio.

C) El condominio: viviendas donde la propiedad es en común y se comparten espacios públicos.

D) El penthouse o ático: es un apartamento especial que está en la parte más alta de un edificio con terraza al aire libre.

E) La casa de vecindad: es una antigua casa con patio central que comparten varias familias.

6. Describe cómo son las viviendas en el campo o en la ciudad en tu país. Sigue los modelos de las descripciones anteriores.

Unidad 3

Contenidos funcionales
- Describir personas
- Expresar posesión
- Describir prendas de vestir

Contenidos gramaticales
- Adjetivos calificativos
- Adjetivos y pronombres posesivos
- *Ser, tener, llevar*
- Concordancia adjetivo-sustantivo

Contenidos léxicos
- La familia
- La ropa
- El aspecto físico

Contenidos culturales
- Una familia mexicana

Nos conocemos
- Tipos de familias

1 ¿Cómo es...?

1.1. Lee.

Se llama Jorge Martínez. Es joven, delgado y deportista. Tiene los ojos oscuros y medianos. Tiene el pelo negro. Es simpático, sencillo y agradable.

1.2. Subraya los verbos del texto.

1.3. Completa el cuadro.

Es	Tiene
Es joven.	Tiene los ojos oscuros.

Cuando decimos cómo es una persona, usamos **ser** + **adjetivo** y **tener** + **nombre**.

Ejemplo:
- Es joven.
- Tiene los ojos oscuros.

1.4. Relaciona.

1. Es alto
2. Es calvo
3. Es gordo
4. Es joven

a. No tiene pelo
b. Pesa 112 kilos
c. Tiene 18 años
d. Juega al básquetbol

1.5. Completa con las palabras del cuadro.

calvo • fuertes • altas • morena • jóvenes • güero • gordos

- Argentina: *morocha*

1. ....
2. ....

CONTINÚA

42 [cuarenta y dos]　　　UNIDAD 3　PRISMA LATINOAMERICANO

4. ....

3. ....

5. ....   6. ....

7. ....

1.6. [19] Escucha y comprueba.

1.7. ¿Qué significan estas palabras? Pregunten al profesor o usen el diccionario.

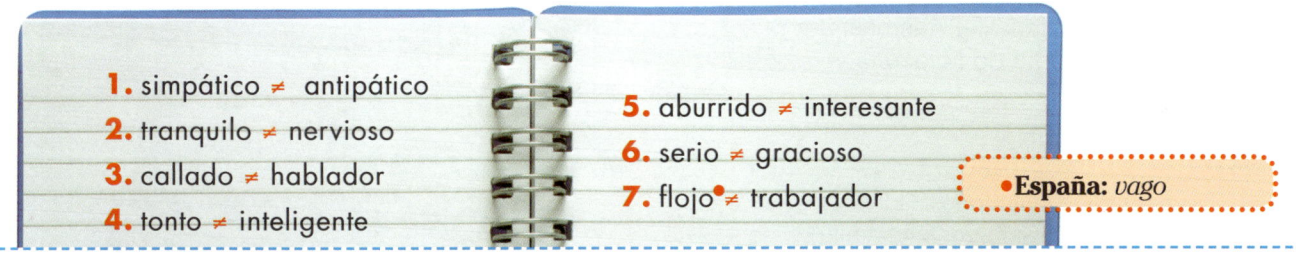

1. simpático ≠ antipático
2. tranquilo ≠ nervioso
3. callado ≠ hablador
4. tonto ≠ inteligente
5. aburrido ≠ interesante
6. serio ≠ gracioso
7. flojo ≠ trabajador

• **España:** *vago*

1.8. Lee.

Tiene barba   Tiene bigote   Tiene los ojos verdes   Tiene el pelo lacio   Tiene el pelo corto

• **España:** *liso*

1.9. Piensa en una persona de la clase y di cómo es físicamente y qué carácter tiene, sin decir su nombre. Tus compañeros van a adivinar quién es.

Es:	Es:	Tiene los ojos:	Tiene el pelo:
☐ Moreno	☐ Simpático	☐ Oscuros	☐ Lacio
☐ Fuerte	☐ Serio	☐ Verdes	☐ Chino
☐ Delgado	☐ Hablador	☐ Grandes	☐ Ondulado
☐ Alto	☐ Aburrido	☐ Claros	☐ Largo
☐	☐	☐	☐ ....

• **Argentina:** *enrulado*   • **España:** *rizado*

NIVEL A1. **COMIENZA**

2 Una **familia** mexicana

2.1. ¿Recuerdas a Jorge? Esta es su familia.

Esta es la familia de Jorge. Su **mamá** se llama Rebeca y su **papá** Adalberto.
Jorge tiene dos **hermanos**. Su **hermana** se llama Esperanza y su **hermano**, Alberto. Esperanza está soltera y Alberto está casado. La **esposa** de Alberto se llama Claudia. Alberto y Claudia tienen una **hija**. Su hija se llama Mirandita. Mirandita es la **nieta** de Rebeca y Adalberto, así que Rebeca y Adalberto son los **abuelos** de ella.
Jorge quiere mucho a su **sobrina**, la hija de Alberto y Claudia. La esposa de Jorge se llama Patricia. Ellos no tienen **hijos** todavía. Además, Jorge es el **tío** favorito de Mirandita.

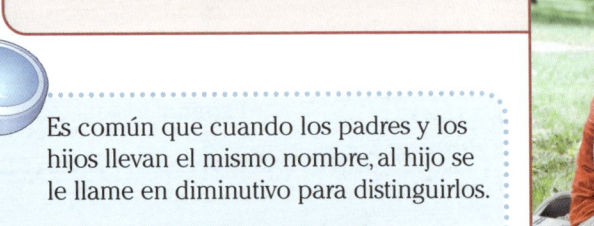

Es común que cuando los padres y los hijos llevan el mismo nombre, al hijo se le llame en diminutivo para distinguirlos.

Miranda ➡ Miran**dita**
Juan ➡ Juan**ito**

2.2. Con tu compañero, completa el árbol genealógico de esta familia mexicana.

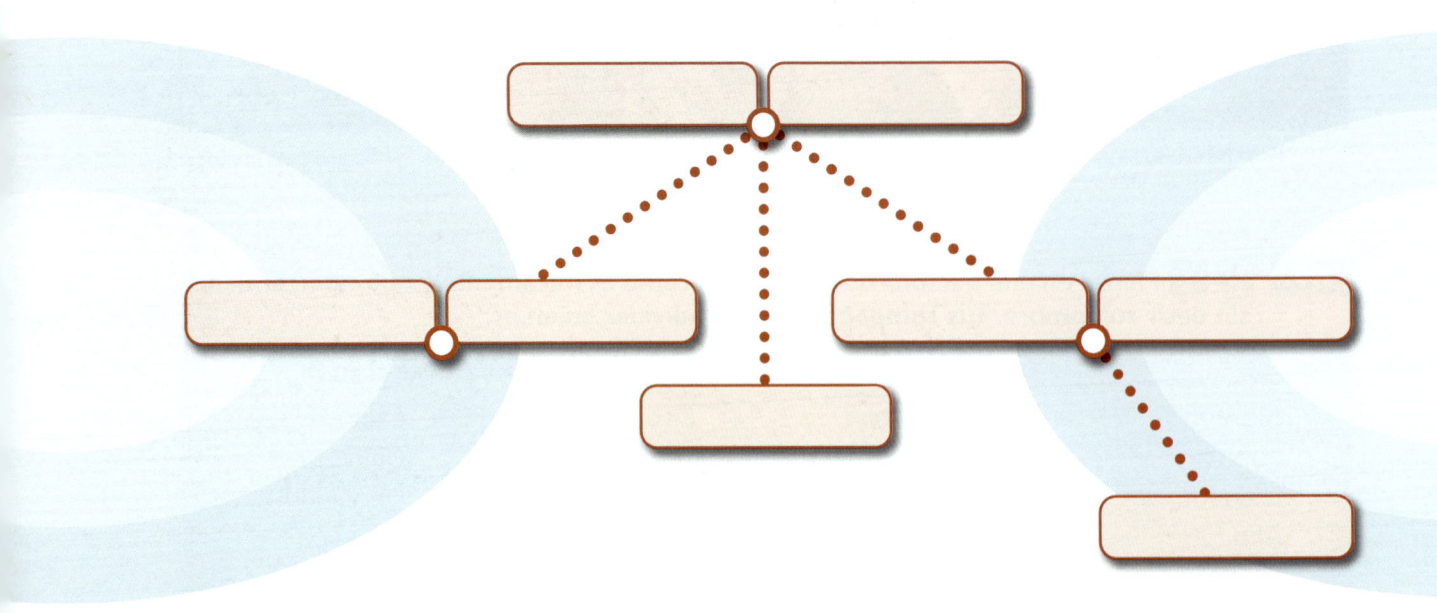

2.3. ¿Quién es? Vamos a jugar con los miembros de la familia de Jorge.

44 [cuarenta y cuatro] UNIDAD 3 PRISMA LATINOAMERICANO

Mi familia, tu familia, su familia... Los posesivos 3

3.1. Lee con atención.

> Mi familia, mi sombrero, mis cuadernos, mis cosas...

EL EGOCÉNTRICO

> Mi familia es tu familia, mis llaves son tus llaves, mi casa es tu casa, mis sueños son tus sueños...

EL ENAMORADO

> Mi familia es su familia, mis cosas son sus cosas, mis amigos son sus amigos...

EL SOLIDARIO

3.2. Ayúdanos a completar el cuadro.

Los adjetivos posesivos

Tener una cosa		Tener dos o más cosas	
masculino	femenino	masculino	femenino
	Mi casa	**Mis** carros	**Mis** casas
Tu carro		**Tus** carros	
Su carro	**Su** casa	**Sus** carros	**Sus** casas
Nuestro carro			**Nuestras** casas
• **Su** carro		**Sus** carros	
Su carro		**Sus** carros	**Sus** casas

• **España:** *Vuestro/a/os/as*

En español el adjetivo posesivo *(mi, tu, su...)* tiene el mismo género y el mismo número que el objeto poseído:

El carro ➡ **nuestro** carro.
Las casas ➡ **nuestras** casas.

NIVEL A1. **COMIENZA** [cuarenta y cinco] **45**

3.3. Antes de leer, mira la foto y responde a estas preguntas. Después, lee el texto y comprueba tus respuestas.

Antes de leer		Después de leer
1.	¿Cómo se llaman los papás de Boy?	1.
2.	¿Dónde vive la familia Tarzán?	2.
3.	¿Cómo es Tarzán?	3.
4.	¿Cómo es Jane?	4.
5.	¿Por qué no lleva pantalones el padre de Boy?	5.
6.	¿Qué desayuna la familia de Tarzán?	6.

3.3.1. Lee y escribe la información. Después comprueba tus respuestas.

Mi papá se llama Tarzán y mi mamá es Jane. Mi nombre es Boy. Vivimos los tres en África. Mi papá es muy fuerte y mi mamá muy buena. Mi papá no lleva pantalones porque hace calor. A nosotros nos gustan mucho los animales. Todos los días desayunamos fruta, mi mamá dice que es muy buena para la salud. Mi papá trabaja de..., bueno, él cuida la selva. Es ecologista y no le gusta la gente que corta árboles y mata animales. Y, bueno, no sé qué más contar.

3.4. Haz lo mismo y escribe sobre tu familia.

3.5. [20] Enseguida vas a escuchar una conversación entre dos personas. Señala la imagen a la que se refiere.

a.   b.   c.

3.5.1. [20] Ahora, vuelve a escuchar y toma notas sobre la descripción.

Es:

Tiene:

46 [cuarenta y seis]

UNIDAD 3   PRISMA LATINOAMERICANO

3.6. Con una foto de tu familia o de algún amigo, describe cómo es o cómo son.

¿Cómo son tus hijos?

Mira, ella es mi hija Amalia. Es doctora, joven, morena y muy inteligente. Trabaja en Estados Unidos. Él es mi hijo Luis, es fuerte, alto y muy musculoso. Trabaja en un rancho, pero quiere ser actor. ¿Verdad que son muy bien parecidos los dos?

La ropa 4

4.1. Escribe el precio en la etiqueta.

- La **falda** cuesta 250 pesos.
- Los **pantalones** cuestan 320 pesos.
- Los **lentes** cuestan 200 pesos.
- La **playera** cuesta 80 pesos.
- El **vestido** cuesta 500 pesos.
- El **saco** cuesta 450 pesos.
- Las **sandalias** cuestan 180 pesos.
- El **cinturón** de piel cuesta 150 pesos.
- El **bikini** cuesta 350 pesos.
- Los **calcetines** cuestan 30 pesos.

Ejemplo:

$ 250

NIVEL A1. **COMIENZA**

[cuarenta y siete] 47

4.2. Julián y Rosario son muy desordenados. Hoy recogen su cuarto y levantan su ropa. Escucha y marca con **1** las cosas de Julián y con **2** las de Rosario.

[21]

○ El suéter azul.
○ Los pantalones de mezclilla.●
○ La ropa interior.
○ El abrigo de piel.
○ La trusa.
○ La camisa de seda.
○ La pijama.
○ Los calcetines.
○ Las zapatillas.

● **Argentina:** *vaqueros*
● **España:** *vaqueros*

Los pronombres posesivos

Singular		Plural	
masculino	femenino	masculino	femenino
Es **mío**	Es **mía**	Son **míos**	Son **mías**
Es **tuyo**	Es **tuya**	Son **tuyos**	Son **tuyas**
Es **suyo**	Es **suya**	Son **suyos**	Son **suyas**
Es **nuestro**	Es **nuestra**	Son **nuestros**	Son **nuestras**
●Es **suyo**	Es **suya**	Son **suyos**	Son **suyas**
Es **suyo**	Es **suya**	Son **suyos**	Son **suyas**

● **España:** *vuestro/vuestra/vuestros/vuestras*

• Para preguntar por el poseedor decimos:	• Y la respuesta es con el posesivo:	• O con **de + nombre** cuando hablamos de *él, ella, ellos, ellas*:
▶ ¿De quién es esto?	▷ Es mío.	▷ Es de Eduardo.

4.3. ¿De quién es? Pregunta a tu compañero por el poseedor de las siguientes cosas.

Ejemplo: ▶ *¿De quién es el oso?*
▷ *Es tuyo.*

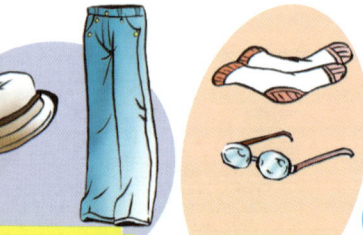

alumno a

Tú — Tu compañero — — La niña — Yo

CONTINÚA ▶

48 [cuarenta y ocho] UNIDAD **3** PRISMA LATINOAMERICANO

alumno b

Pregunta a tu compañero por el poseedor de las siguientes cosas.

Tu compañero — Pedro y Pili — Nosotros

4.4. Lee.

1.
— Disculpe, señorita.
— Sí, ¿puedo ayudarlo en algo?
— Mire, quiero este saco, pero me queda un poco apretado. No es muy cómodo.

2.
— Claro, es la talla 32. Usted necesita la 34. Un momento...
— Uf, pero este es verde... yo lo quiero azul.

3.
— En azul solo tenemos las tallas 32 y 36. A ver la 36.
— No, no. Es muy grande para mí. Mire, ¡qué mangas tan largas!

4.5. Busquen en el diálogo las palabras opuestas a:

1. Incómodo ≠
2. Cortas ≠
3. Pequeño ≠
4. Flojo ≠

4.6.

alumno a

Pregunta a tu compañero los colores de tu lista de ropa. Él tiene las fotos.

Usa: ¿De qué color es...? / ¿De qué color son...?

	color
1. La falda	
2. La corbata	
3. Las botas	
4. La camisa	
5. El suéter	
6. El pantalón	

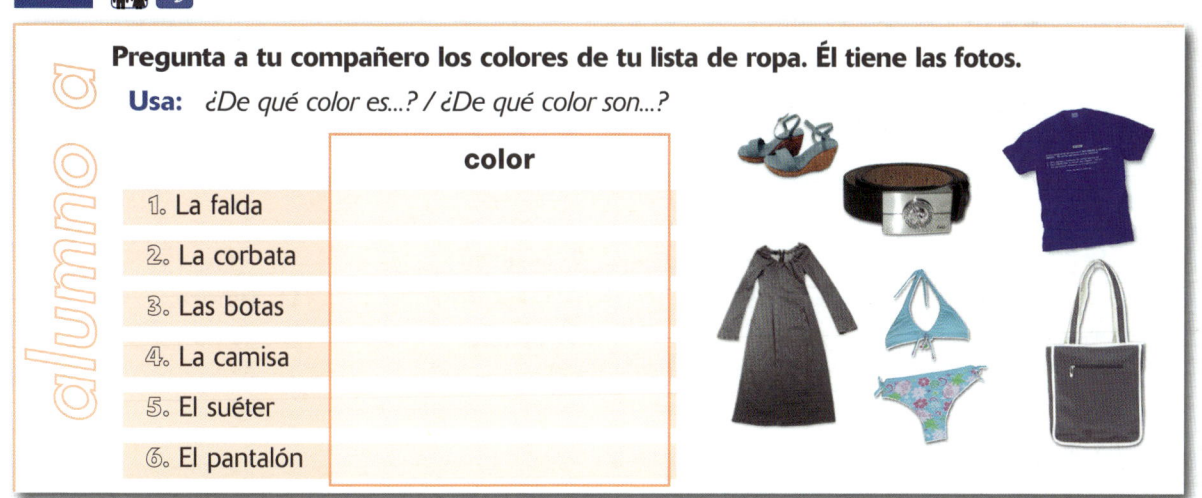

NIVEL A1. **COMIENZA** [cuarenta y nueve] **49**

alumno b

Pregunta a tu compañero los colores de tu lista de ropa. Él tiene las fotos.

Usa: *¿De qué color es...? / ¿De qué color son...?*

	color
1. Las sandalias	
2. La bolsa	
3. El bikini	
4. La playera	
5. El vestido	
6. El cinturón	

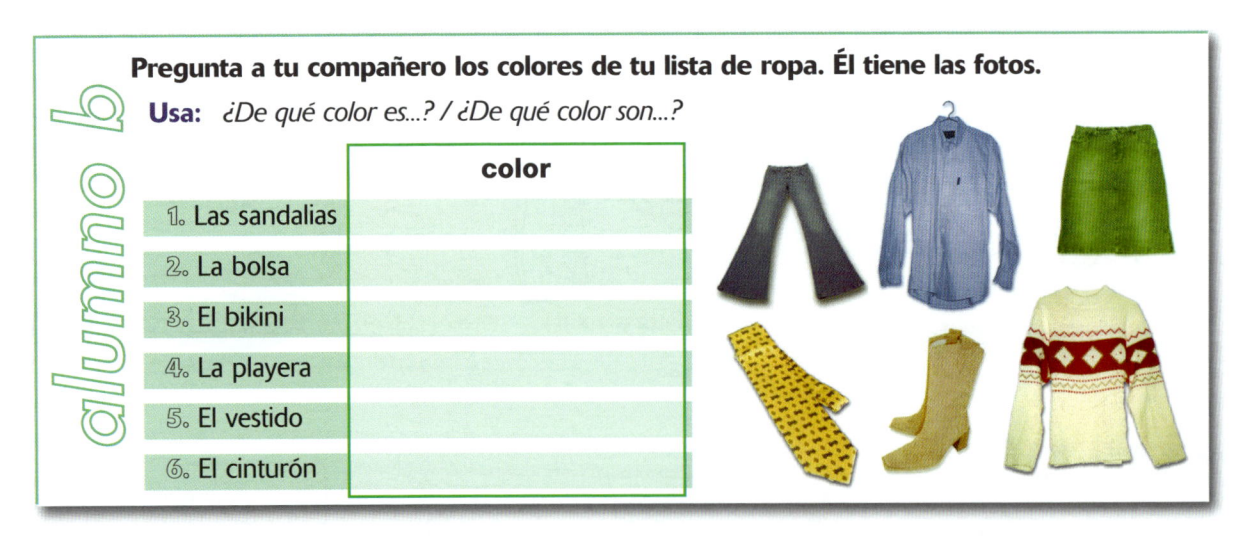

4.7. [22] Vas a escuchar información sobre cinco tipos de ropa. ¿De qué prenda hablan?

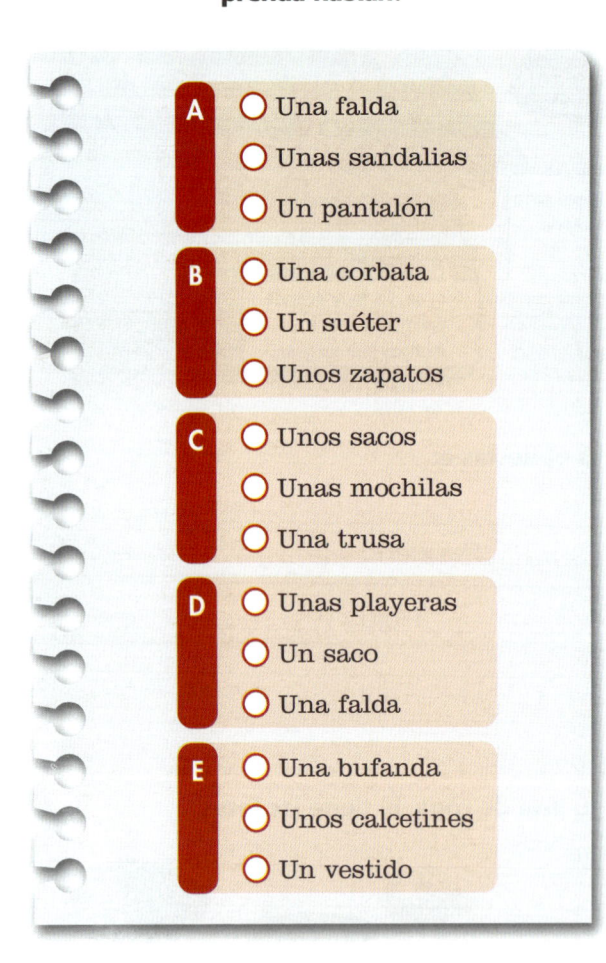

A
- Una falda
- Unas sandalias
- Un pantalón

B
- Una corbata
- Un suéter
- Unos zapatos

C
- Unos sacos
- Unas mochilas
- Una trusa

D
- Unas playeras
- Un saco
- Una falda

E
- Una bufanda
- Unos calcetines
- Un vestido

4.8. Piensa en tres prendas básicas de ropa. Tus compañeros, mediante preguntas, las van a adivinar y después vas a explicar por qué son importantes para ti.

4.9. Con tu compañero, reconstruye el diálogo.

1. ¿Qué talla es?
2. Buenos días, señorita.
3. Quería una falda para mi mamá.
4. Una 32, pero ahora está un poco más delgada... no sé.
5. 250 pesos.
6. Buenos días, ¿en qué puedo ayudarla?
7. ¿Qué le parece esta?
8. Pues no sé, fácil de combinar, azul o negro.
9. Muy bien. ¿Cuánto cuesta?
10. Me gusta, es perfecta, muchas gracias. Si no le queda, ¿puedo cambiarla?
11. Claro, con el *ticket* de compra.
12. Con mucho gusto se la busco. ¿Y de qué color?

1. Señora: ....
2. Dependienta: ....
3. Señora: ....
4. Dependienta: ....
5. Señora: ....
6. Dependienta: ....
7. Señora: ....
8. Dependienta: ....
9. Señora: ....
10. Dependienta: ....
11. Señora: ....
12. Dependienta: ....

4.9.1. [23] Escucha y comprueba.

4.10. Escucha y responde a las preguntas.
[24]

1. ¿En qué página de esta unidad están Eulalia y Roberto?

2. Para describir a personas usamos los verbos *ser* y *tener*. ¿Qué verbo usamos para describir la ropa y los complementos que usan?

4.10.1. Vuelve a escuchar y anota la información sobre Eulalia y Roberto, ¿cómo son?, ¿qué ropa traen?
[24]

Eulalia	Roberto

4.10.2. Completa los datos con tu compañero.

4.11. Mira las fotografías y di cómo son físicamente y qué ropa traen.

4.11.1. Ahora, explica a tus compañeros cómo es el carácter de una de estas personas basándote en su aspecto físico y su ropa. Como no puedes estar completamente seguro, usa *creo que/parece que...* Tus compañeros tienen que adivinar de quién hablas.

Ejemplo: ▷ *Creo que es una persona amable, tímida...*

NIVEL A1. **COMIENZA**

[cincuenta y uno] **51**

4.12. [25] **Marca las palabras que escuches.**

1. Calvo
2. Cuatro
3. Saco
4. Zapato
5. Zueco
6. Camisa
7. Cero
8. Cigarro
9. Azul
10. Cuello
11. Boca
12. Cinturón
13. Corto
14. Tranquilo
15. Pequeño

En español la letra **"c"** tiene diferente pronunciación según la vocal que acompañe:

[k] c+a *calvo*   pero   qu+e *pequeño*
     c+o *corto*   qu+i *tranquilo*
     c+u *curso*

[s]• c+e *cero*   pero   z+a *rizado*
     c+i *cinco*   z+o *zorro*
                          z+u *zurdo*

• **España:** *En muchas zonas de España se pronuncia como* [θ].

Autoevaluación

1. Recuerda que para describir a una persona usamos:

• *Ser* + adjetivo   • *Tener* + nombre   • *Llevar* + prenda de vestir

Puedes poner un ejemplo de cada uso.

• ....
• ....
• ....

2. [26] Escucha y escribe en la columna correspondiente.

La ropa	La familia	Los colores

Recuerda que para aprender mejor las palabras, hay que agruparlas y asociarlas.

3. En esta unidad hay muchas palabras nuevas. ¿Qué haces para aprenderlas?

☐ Escribo listas de palabras en mi cuaderno
☐ Repito mentalmente las palabras
☐ Intento aprender las más similares a mi lengua
☐ En tarjetas, escribo por un lado la palabra en español y por otro la traducción a mi lengua

4. Este libro es:

☐ Muy rápido   ☐ Fácil
☐ Aburrido   ☐ Difícil
☐ Interesante   ☐ Bueno, pero no tiene suficientes ejercicios

5. En clase de español:

☐ Estoy bien
☐ Tengo que estudiar mucho

Nos conocemos

TIPOS DE FAMILIAS

1. Vamos a ver dos tipos de familias muy diferentes. ¿Creen que hay diferencias entre las familias de sus países? Expliquen a sus compañeros las diferencias.

2. ¿Conocen al cantante Chayanne? ¿De dónde es? ¿Creen que Chayanne es su verdadero nombre? ¿Tiene hijos? ¿Cuántos?

2.1 Ahora lean el texto y comprueben si sus respuestas anteriores son correctas. Coloquen su país en el mapa.

> Elmer Figueroa Alce, CHAYANNE, nace en Puerto Rico el 29 de junio de 1968 y es el tercero de cinco hermanos.
> Chayanne está casado desde 1992 con la venezolana Marilsa Moronesse y además tiene dos hijos: Lorenzo Valentino e Isadora Sofía. Dicen que Chayanne es todo un *papazote*: que es buen padre, buen esposo y además tiene el título del hombre que mejor se mueve, claro, porque baila muy bien. Chayanne es uno de los artistas latinos más famosos en todo el mundo.

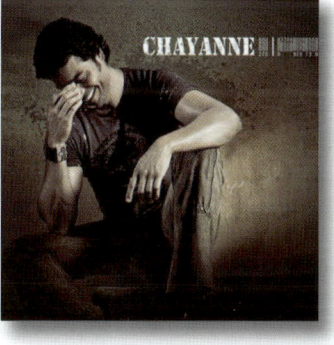

3. Esta es una entrevista con el famoso cantante puertorriqueño. Unan cada pregunta con su respuesta. Después, escriban la entrevista en su cuaderno.

a. ¿En qué empleas tu tiempo libre?

b. ¿Cómo es un día tuyo sin trabajar?

c. Sí..., pero ¿cómo es Elmer en realidad?

d. ¿Te acompaña alguien de tu familia en tus giras?

1. Comparto con mi familia un *bowling*, deporte, el mar. Ir a la playa es nuestro mejor plan. Ver una película con ellos en mi pecho apoyados. Vamos a Italia, porque la familia de mi esposa está en Venecia.

2. En estar con mi familia. La música es lo que tú haces, pero es una profesión, disfruto del público, de su cariño, pero me quedo junto a mi familia, amándola.

3. Sí, desde hace varios años me acompaña mi hermano Eliott.

4. Chayanne o Elmer, es un hombre sencillo. Jamás cocino, yo llamo por teléfono y digo: "arroz chino, por favor". Soy fanático del deporte: practico buceo, tenis, básquet y golf y me encanta disfrutar de una buena lectura.

Entrevista publicada en: Clarín.com

NIVEL A1. COMIENZA

3.1. Completa ahora esta descripción de la familia de Chayanne.

> Yo soy el tercero de cinco .... Estoy ....
> desde 1992. Mi .... se llama Marilsa Moronesse, es de
> .... Mi .... mayor se llama Lorenzo
> Valentino y mi .... pequeña se llama Isadora Sofía. La
> familia de mi esposa vive en ...., por eso viajamos a
> Italia con frecuencia.

4. [27] Escucha esta otra entrevista con el famoso cantante español Julio Iglesias y coloca los nombres de las etiquetas en su árbol genealógico.

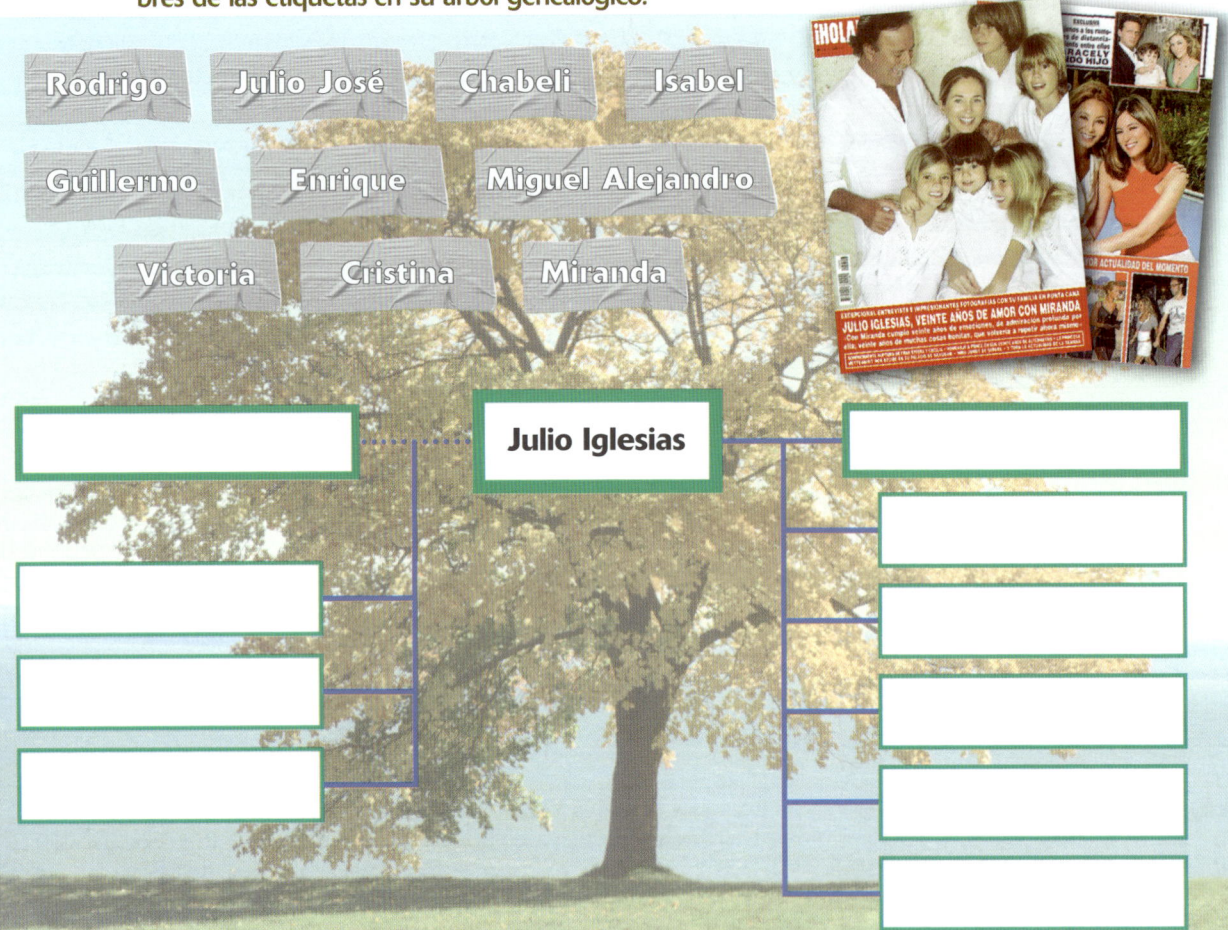

Rodrigo Julio José Chabeli Isabel
Guillermo Enrique Miguel Alejandro
Victoria Cristina Miranda

Julio Iglesias

4.1. [27] Vuelve a escuchar la entrevista y completa los años de nacimiento de cada uno de sus hijos.

	Julio José	Enrique		Rodrigo		Guillermo
1971			1997		2001	2001

5. Comparen las familias de Chayanne y Julio Iglesias. ¿Qué diferencias hay entre las dos? ¿Conocen las familias de otros personajes famosos? Busquen información en Internet sobre su personaje favorito y describan su familia.

Unidad 4

Contenidos funcionales
- Expresar necesidades, deseos y preferencias
- Pedir/dar información espacial

Contenidos gramaticales
- Uso de los comparativos: igualdad, superioridad e inferioridad con adjetivos
- Comparativos irregulares
- Verbos: *necesitar, querer, preferir* + infinitivo/sustantivo
- Preposiciones *en* y *a* con verbos de movimiento

Contenidos léxicos
- Transportes
- Establecimientos comerciales y de ocio

Contenidos culturales
- El transporte en México
- La fiesta de los Reyes Magos

Nos conocemos
- La Ruta Panamericana

1 Los **medios de transporte**

1.1. Óscar no conoce la Ciudad de México muy bien, pero tiene que viajar. Como quiere ir a la Central de Autobuses y prefiere el transporte público, pregunta a su amigo Paco.

1.1.1. Primero, con tu compañero lee estos diálogos y ordena las viñetas.

1
— Sale. ¡Ah!, ¿sabes cuánto cuesta el boleto?
— 3 pesos, pero es mejor comprar una tarjeta electrónica. Cuesta 10 pesos y luego la puedes recargar muchas veces. Así no tienes que hacer cola.

2
— Paco, Paco... Espera un momentito, por favor.
— ¿Síííí?

3
— Ah, ya.... sale. Muchas gracias. Hasta luego.
— No hay de qué, Óscar. Buen viaje.

4
— Necesito tu ayuda. Voy a la Central Camionera del Poniente. ¿Cómo me voy desde acá?
— En metro... Mira, estamos en Ciudad Universitaria, enfrente de la universidad. Toma la línea 3 y bájate en la estación Balderas. Necesitas transbordar a la línea 1 rumbo a Observatorio. Bájate en Observatorio. Enseguida está la Central Camionera.

1.1.2. Ahora, escucha y comprueba. [28]

1.2. Relaciona los nombres con los dibujos. A ver cuántos nombres de medios de transporte conoces.

- el tren
- el avión
- el barco
- la bicicleta
- el carro
- el camión

• **España:** *autobús*

1.2.1. ¿Puedes pensar en otros medios de transporte?

1.2.2. Pregunta a tu compañero.

¿Cómo vas a la escuela?		
☐ En metro	☐ Caminando	☐ En bicicleta
☐ En camión	☐ En avión	☐ A caballo

¿Cómo vas a casa de tus abuelos?

¿Cómo ....?

56 [cincuenta y seis] UNIDAD **4** PRISMA LATINOAMERICANO

Ir

El verbo *ir* es irregular

Yo	**voy**	Nosotros/as	**vamos**	
Tú	**vas**	Ustedes	**van**	
Él/ella/usted	**va**	Ellos/ellas/ustedes	**van**	

• **Argentina:** *Vos vas*
• **España:** *Vosotros/as vais*

- La dirección se marca con la preposición **a**:
    *Vamos **a** la playa.*
- El medio de transporte se marca con la preposición **en** (excepto: ***a** pie, **a** caballo*):
    *Voy **en** carro.*

1.2.3. Completa con el verbo *ir* + *a/en*.

1. Mi papá y yo .... bicicleta.
2. Pedro .... siempre .... metrobús.
3. Cuando estoy en mi casa de campo, ... pie al mercado.
4. ¿Cómo .... ustedes .... trabajar? ¿............... tren ligero, ... microbús o .... pie?
5. ▶ ¿A dónde .... (tú)?
   ▷ .... la alberca.

1.3. Mira la siguiente lista de adjetivos. Todos pueden relacionarse con medios de transporte. Busca en el diccionario o pregunta a tu compañero los significados que no conozcas y luego clasifícalos.

- Ecológico
- Caro
- Práctico
- Económico
- Rápido
- Peligroso
- Interesante
- Puntual
- Lento
- Divertido
- Seguro
- Contaminante
- Limpio
- Cansado
- Cómodo
- Barato

Positivos

Negativos

1.4. Habla con tu compañero de las ventajas e inconvenientes de los medios de transporte.

Ejemplo: *El avión es rápido, pero es muy contaminante.*

NIVEL A1. **COMIENZA**

2. La comparación

2.1. Lee esta información. ¿Estás de acuerdo?

Yo prefiero viajar en barco porque es **más** seguro **que** el avión. También es **más** romántico. El problema es que el barco es **más** lento **que** el avión, pero como ahora estoy jubilado (ya no trabajo), pues no necesito llegar en pocas horas a mi destino.

Comparativos

Comparativos regulares

- **más** + adjetivo + **que**:
  Viajar en avión es **más** caro **que** viajar en tren.

- **menos** + adjetivo + **que**:
  Ir en camión es **menos** ecológico **que** en bicicleta.

- **tan** + adjetivo + **como**:
  Mi hermana es **tan** alta **como** tu hermana.

Comparativos irregulares

- **bueno/a/os/as**:
  mejor/mejores + **que**

- **malo/a/os/as**:
  peor/peores + **que**

- **grande/s**:
  mayor/mayores
  más grande } + **que**

- **pequeño/a/os/as**:
  menor/menores
  más pequeño } + **que**

2.2. Compara los medios de transporte.

Ejemplo: *Viajar en avión es **más** rápido **que** viajar en camión.*

Ir
Venir (en)
Viajar

- carro
- camión
- metro
- moto
- tren
- taxi
- bicitaxi
- bicicleta
- avión
- andando
- a pie
- pesero
- metrobús

es

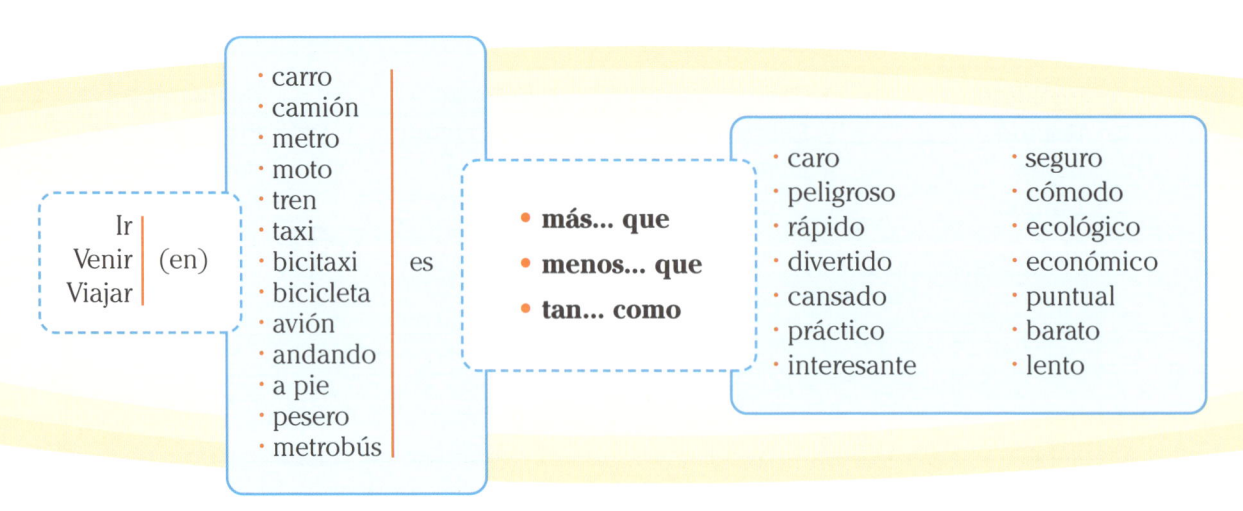

- **más... que**
- **menos... que**
- **tan... como**

- caro
- peligroso
- rápido
- divertido
- cansado
- práctico
- interesante

- seguro
- cómodo
- ecológico
- económico
- puntual
- barato
- lento

2.3. Ahora, cuéntale a tu compañero cuál es tu transporte favorito y por qué.

Ejemplo: *Prefiero viajar en... porque...*

Prefiero el barco/tren porque...

Expresar necesidades e intereses | 3

Necesitar	Querer	Preferir
necesit**o**	quier**o**	prefier**o**
necesit**as**	quier**es**	prefier**es**
necesit**a**	quier**e**	prefier**e**
necesit**amos**	quer**emos**	prefer**imos**
necesit**an**	quier**en**	prefier**en**
necesit**an**	quier**en**	prefier**en**

- **Argentina:** *Vos necesitás, querés, preferís*
- **España:** *Vosotros/as necesitáis, queréis, preferís*

Algunos verbos tienen cambios vocálicos: la última vocal en el radical cambia cuando el énfasis recae en ella, o sea, en todas las personas menos en *nosotros*.

- Necesitar + **infinitivo**:
  Necesito ir a la estación.
- Necesitar + **sustantivo**:
  Necesito un boleto.

- Querer + **infinitivo**:
  Quiero comprar una rosa.
- Querer + **sustantivo**:
  Quiero una rosa.

- Preferir + **infinitivo**:
  Prefiero comer pescado.
- Preferir + **sustantivo**:
  Prefiero pescado.

3.1. A continuación, tienes una lista de "cosas" más o menos necesarias para viajar. ¿Puedes añadir tres más? Tu diccionario puede ayudarte.

- Pasaporte ✓
- Dinero ✓
- Tener vacaciones ✓
- Comprar una guía ✓
- Avisar a la familia ✓
- Una maleta ✓
- .... ✓
- .... ✓
- .... ✓

3.1.1. Ahora, dile a tu compañero qué necesitas y qué no de esa lista. ¿Están de acuerdo? ¿Necesitan lo mismo?

Ejemplo: *Para viajar, yo necesito tener vacaciones, al menos dos o tres días. También necesito avisar a mi familia, pero normalmente no necesito pasaporte, porque viajo por mi país.*

Algo más sobre los transportes | 4

4.1. Lee este texto y pregunta por las palabras que desconozcas.

El transporte en México D.F.

El transporte colectivo en el D.F. es bastante económico. Existen diferentes formas de transportes: el metro, el tren ligero, el metrobús, el trolebús, el microbús y los camiones. Desde el año 2010 existe el Eco Bus, un transporte menos contaminante. Algunos autobuses y vagones de metro son exclusivos para mujeres. Para mayor información, puedes consultar la siguiente dirección electrónica: *www.rtp.gob.mx*

En la Ciudad de México los menores de 5 años y los mayores de 60 viajan gratis, pero ya no hay descuentos para estudiantes. Debes comprar un boleto antes de tomar el metro o el tren ligero; para el metrobús hay tarjetas recargables. En los demás transportes, el boleto se paga directamente al chofer.

4.1.1. Completa con la información del texto.

Forma de Pago	Transporte
Boleto •	
Tarjeta recargable	

• **España:** *billete*

Debes pagar en efectivo en:

microbús ○   camión ○

Consulta la página web que aparece en el texto y escribe cuánto cuesta el boleto del:

• metro [   ]   • metrobús [   ]   • microbús [   ]

4.2. Observa este boleto de autobús.

```
ETN
La Línea más Cómoda
FOLIO: TN00373176
ENLACES TERRESTRES NACIONALES, ETN-910207-9WA
SATURNO # 39 NUEVA INDUSTRIAL VALLEJO MEXICO D
Nombre: DORISMILDE FLORES
Tipo de pasajero: ADULTO
Origen: AGUASCALIENTES
Destino:
Fecha:
Hora:
Asiento:
Importe:
Oficina exp.: AGUA
Forma de pago: BANAMEX
F. de impresion: 13/11/2008
H. de impresion: 06:39:22
de ventas: 050904
Terminal: 2201
```

4.2.1. Lee este diálogo y completa los datos del boleto que aparecen en blanco.

(En la Central Camionera)

▶ Hola, buenos días.

▶ Buenos días, ¿en qué puedo ayudarle?

▶ Mire, necesito información sobre los autobuses con destino a Guadalajara.

▶ ¿Para qué día?

▶ Para el 17 de septiembre.

▶ Hay un autobús que sale a las 23:55 y llega a las 5:55 de la mañana.

▶ ¿Hay alguno por la mañana?

▶ Sí, hay uno que sale a las 10:15 de la mañana y llega a Guadalajara a las 5:15 de la tarde.

▶ Sí, ese es el que me interesa. ¿Puedo reservar un asiento?

▶ Sí, claro. ¿Redondo?

▶ Sí.

▶ Bien, este es el boleto. Es el autobús 13 y el asiento 35.

▶ ¿Cuánto es?

▶ Son 605 pesos.

▶ Aquí tiene, muchas gracias.

▶ No hay de qué.

4.3. 👤 📖 **Lee el siguiente texto.**

El transporte en México

La mayoría de los mexicanos usa el transporte público. Para transportarse dentro de las ciudades o entre los diferentes lugares de México, se usa más el servicio de autobuses. Los autobuses usan la extensa red de carreteras (que son gratis) y autopistas (vías rápidas donde se paga peaje).

Desde fines de siglo XX el tren se usa principalmente para transportar carga. Solo hay trenes para pasajeros en tres rutas turísticas: Chihuahua–Pacífico, Tequila Express y Expreso Maya.

El avión se usa para recorridos más largos, pero es caro y no todas las personas lo pueden pagar; lo usan más los hombres de negocios.

4.3.1. 🏠 📝 Ahora escribe un pequeño texto acerca del transporte en tu país o en tu ciudad.

4.4. 👤 📝 Observa parte del plano del metro del D.F. (Distrito Federal) y contesta a las siguientes preguntas.

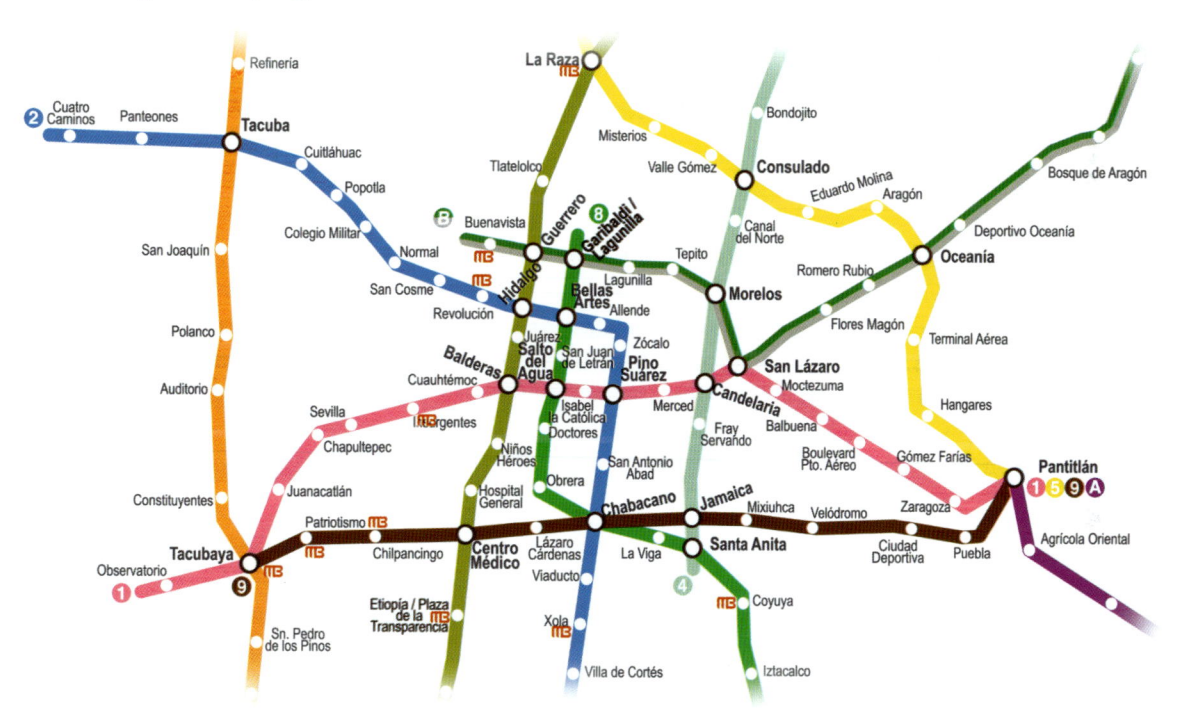

1. ¿Cuántas líneas distintas ves? ....
2. ¿Qué recorrido hace la línea café del metro?
   ....
3. Estás en la estación Tacuba. ¿Cuántas estaciones debes pasar para llegar a la estación Bellas Artes? ....
4. Estás en la estación Bellas Artes y quieres ir a la estación Ciudad Deportiva. ¿En qué estación necesitas transbordar? ....
5. Estás en Tacuba y quieres ir a Jamaica, donde está tu hotel. Marca el camino que te recomendamos: Tomas la línea azul en Tacuba hasta Bellas Artes. Allá transborda a la línea verde. Bajas en Chabacano y tomas la línea café. Jamaica es la primera parada.

NIVEL A1. COMIENZA

[sesenta y uno] 61

4.5. **En la Central Camionera del Sur Juan viaja a Taxco. Reconstruye el diálogo.**

> • Quería un boleto para Taxco.   • ¿Ventanilla o pasillo?
> • ¿A qué hora?   • ¿Para qué día?
> • ¿Qué asiento prefiere?   • ¿Sencillo, redondo o abierto?

▶ Buenas tardes. **1.** Quería un boleto para Taxco.

▷ **2.** ....

▶ Para el próximo miércoles.

▷ **3.** ....

▶ A las seis de la mañana.

▷ **4.** ....

▶ Cerca del chofer.

▷ **5.** ....

▶ Pasillo.

▷ **6.** ....

▶ Sencillo.

▷ Bien. Asiento 10. Son $500.60.

4.5.1. Ahora, escucha y comprueba.
[29]

4.6. Practica el diálogo anterior. Te damos otros datos. No mires la información de tu compañero. Antes de empezar, lee tu tarjeta. ¿Entiendes todas las palabras? ¿No? Pregunta a tu profesor.

alumno a
- Estás en la Central Camionera.
- Quieres viajar a la playa.
- Quieres ir el viernes y volver el domingo.
- Prefieres viajar de noche.
- Quieres un asiento adelante.

alumno b
- Trabajas en la oficina de una línea de autobuses.
- Hay autobuses a Acapulco cada hora.
- La primera salida es a las 6:00 de la mañana. La última a las 24:00.
- El viajero puede elegir su asiento.
- El precio es de $535 pesos de ida.
- El precio del viaje redondo es de $1070 pesos.

Un poco de **buena pronunciación** — 5

5.1. Escucha y completa con la letra que falta. [30]

1. Ciu☐ad
2. A☐osto
3. Vi☐ir
4. Ju☐ar
5. Be☐er
6. Ciento ☐os
7. Verda☐ero
8. A☐eni☐a
9. ¿Qué ☐ía es hoy?
10. A☐o☐a☐o

5.2. Ahora, por parejas: Alumno A, elige cinco palabras y díctaselas a tu compañero. Alumno B, escribe las palabras que tu compañero te dicta.

1. ....
2. ....
3. ....
4. ....
5. ....

La **ciudad** — 6

6.1. Fíjate en los dibujos. Con tu compañero completa las tarjetas con el nombre de los objetos y tiendas que representan. Luego relaciónalos.

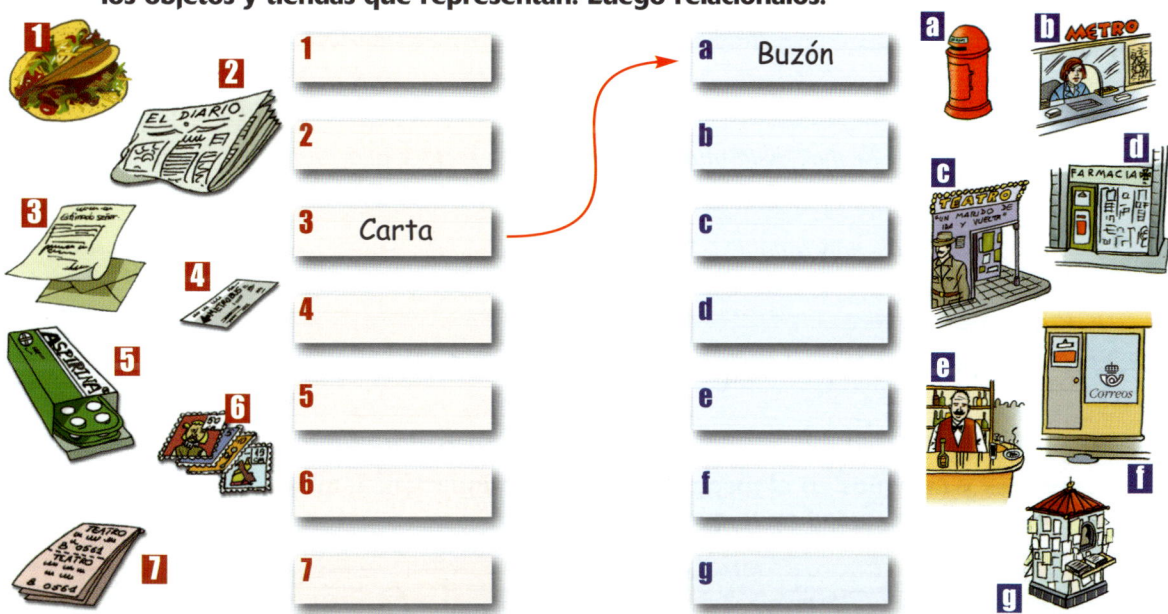

1. ___
2. ___
3. Carta
4. ___
5. ___
6. ___
7. ___

a. Buzón
b. ___
c. ___
d. ___
e. ___
f. ___
g. ___

> aspirinas • puesto de periódicos • periódico • cantina • timbres
> correo • farmacia • botana • entradas • taquilla • boleto • teatro

6.1.1. Ahora relaciona las frases.

1. Voy al correo
2. Necesito un buzón
3. Entramos en la cantina
4. Marisa va a la taquilla
5. Vas a la farmacia
6. Quiero un periódico
7. ¿Necesito ir al teatro

• porque •
• para •

a. comprar aspirinas.
b. necesito unos timbres para Venezuela.
c. leer las últimas noticias.
d. comprar un boleto de metro.
e. comprar las entradas?
f. queremos unas botanas.
g. enviar esta carta.

NIVEL A1. COMIENZA

6.1.2. ¿Conocen otros nombres de tiendas en español?

6.2. Escucha y toma notas.
[31]

        Diálogo 1. ¿Dónde está el puesto de periódicos?
        Diálogo 2. ¿Dónde está la farmacia?
        Diálogo 3. ¿Dónde está el banco?

6.2.1. Vuelve a escuchar el diálogo 1 y escribe debajo de cada signo la expresión correspondiente.
[31]

T_ v___ / t___ / __r__o   D__ _____ / a la / d_____h_   D__ _____ / a la / iz_____d

6.2.2. Vuelve a escuchar los diálogos 2 y 3 y completa.
[31]

2
▷ ...., ¿........................ .... dónde hay una farmacia por ....?
▶ Pues, no tengo ni idea, disculpa. No soy de la ciudad.
▷ Ah, vaya, ..., ¿eh?

3
▷ Disculpe, ¿........................ .... Santander Mexicano, por favor?
▶ Un momento... Sí, mire. Está muy cerca. Vaya todo recto y allá, en la esquina, a cien metros. .... la entrada de la estación del metro.
▷ Muchas gracias, muy amable.

6.2.3. ¿Qué diálogo es formal (usted)?

6.3. Vas a caminar por el centro histórico del D.F. Escribe cómo puedes ir a estos lugares y márcalos en el mapa que está a continuación. También puedes trabajar con un mapa de la ciudad en la que vives.

64 [sesenta y cuatro]   UNIDAD **4**   PRISMA LATINOAMERICANO

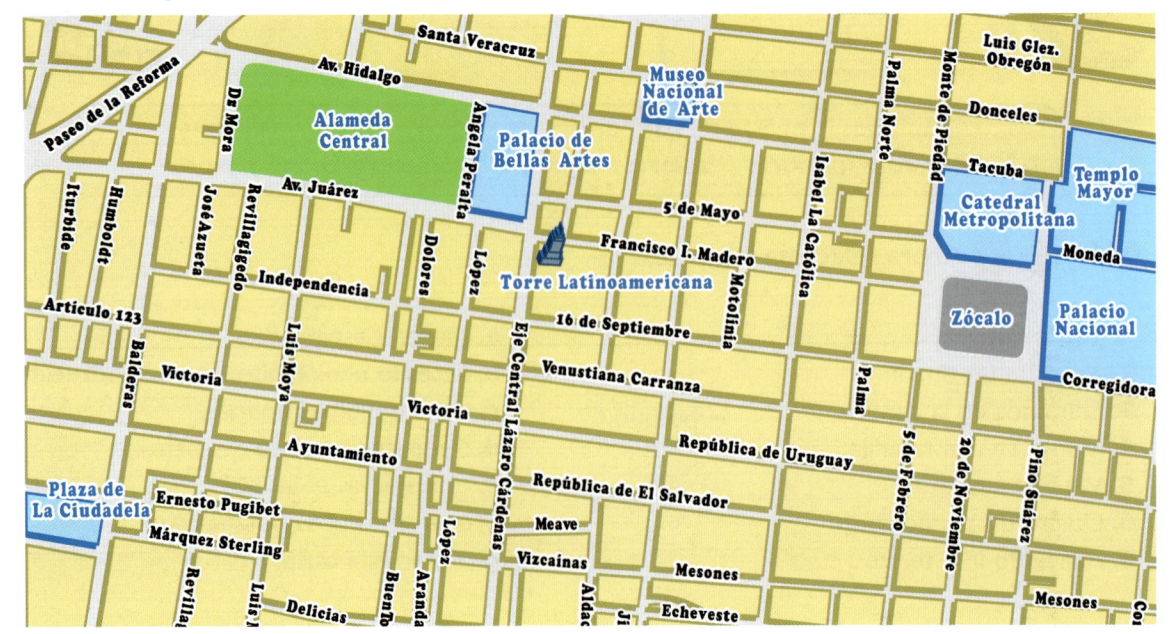

a. Estás en la **Plaza de La Ciudadela**. Quieres ir a **Palacio Nacional**.
....
....

b. Estás en el **Museo Nacional de Arte** y quieres ir al **Zócalo**.
....
....

c. Estás en el **Templo Mayor** y quieres ir a la **Torre Latinoamericana**.
....
....

Pedir y dar información espacial | 7

ⓘ Pedir información espacial

- **Usted**
  ▶ *Disculpe, ¿puede decirme dónde...?*
  ▶ *¿Puede decirme dónde... hay/está(n)...? por favor?*

- **Tú**
  ▶ *Disculpa, ¿dónde...?*
  ▶ *Oye, ¿puedes decirme..., por favor?*

ⓘ Dar información espacial

- **Usted**
  ▷ *Sí, con mucho gusto, mire...*

- **Tú**
  ▷ *Sí, claro, mira...*

    ▷ *Está cerca/lejos/al lado de/a la derecha/a la izquierda...*
    ▷ Hay + un/a/os/as + nombre + *cerca/lejos...*
  ▶ *Gracias.*
  ▶ *Muchas gracias.*

7.1. 👥 💬 Mira estos planos. Hay muchos lugares, pero te falta información. Complétala con tu compañero.

alumno a

Pregunta a tu compañero dónde hay:
- Una oficina de correos
- Una estética
- Un cine
- Un puesto de periódicos

NIVEL A1. COMIENZA [sesenta y cinco] 65

alumno b

Pregunta a tu compañero dónde hay:

- Un teatro
- Un supermercado
- Un banco
- Un videoclub

Autoevaluación

1. Escribe una lista de los contenidos de esta unidad. Luego subraya los que son nuevos.

- ....
- ....
- ....
- ....
- ....
- ....

> Hay que relacionar lo que aprendemos. Fíjate:
>
> Unidad 2: La casa.
> *En la recámara **hay una** cama.*
> *La mesa está **delante del** sofá.*
>
> Unidad 4: La ciudad.
> *¿Dónde **hay una** farmacia?*
> *El cine está **enfrente de** la panadería.*

2. Esta unidad te parece:

☐ Muy interesante
☐ Interesante
☐ Normal
☐ Aburrida
☐ Útil

3. Escribe seis palabras nuevas.

1. ....   4. ....
2. ....   5. ....
3. ....   6. ....

66 [sesenta y seis]   UNIDAD 4   PRISMA LATINOAMERICANO

Nos conocemos

LA RUTA PANAMERICANA

1. La llamada *Ruta Panamericana* es...

> ...un sistema colectivo de carreteras que une a casi todos los países del continente americano y el único que toca, virtualmente, ambos extremos del globo.

¿Saben por qué países pasa? Escríbanlos.

_____
_____
_____
_____
_____
_____
_____
_____
_____

2. Lee el siguiente texto y comprueba tus respuestas del ejercicio anterior.

La Ruta Panamericana se extiende de Alaska a Argentina. Según el *Libro Guinness de los récords* es la ruta más larga que se puede recorrer con un carro en el mundo. La Ruta Panamericana recorre de sur a norte más de 14 países del continente americano y dependiendo de las rutas puedes hacer desde 25 000 km hasta 48 000 km.

Si vas por toda la costa del Pacífico, pasas por los siguientes países: Argentina, Chile, Perú, Ecuador, Colombia, Panamá, Costa Rica, Nicaragua, Honduras, El Salvador, Guatemala, México, Estados Unidos y Canadá. Además, un tramo enlaza Colombia con Venezuela, Brasil, Paraguay y Uruguay y hay otros en construcción.

La Panamericana pasa por climas y sistemas ecológicos muy diferentes, desde las selvas densas hasta las montañas congeladas. Es poco uniforme, algunos tramos no son transitables durante la estación de lluvias y en muchas regiones viajar en carro es un riesgo.

La Panamericana se encuentra casi completa, excepto un tramo de 87 km de selva montañosa necesario para la conexión completa, ubicado entre el extremo este de Panamá y el noroeste de Colombia y llamado el Tapón de Darién. Hay un proyecto que se llama *Autopistas de la Montaña* que va a unir América del Norte, América Central y América del Sur.

NIVEL A1. COMIENZA

2.1. 🧑 📖 **Lee de nuevo el texto y construye las siguientes frases.**

a) La Ruta Panamericana se extiende…

b) Según el *Libro Guinness de los récords* es…

c) Para completar la ruta faltan…

d) La carretera Panamericana pasa por…

e) Existe un proyecto llamado *Autopistas de la Montaña* que…

1. unirá las tres Américas.
2. 87 *km* de selva montañosa.
3. de Alaska a Argentina.
4. la ruta más larga que se puede recorrer con un carro en el mundo.
5. climas y sistemas ecológicos diversos.

3. 👥 📝 **Vamos a conocer un poco más los países de la ruta panamericana. Unan estos países con sus monedas y banderas.**

a) Argentina
b) Honduras
c) Perú
d) El Salvador
e) Colombia
f) Costa Rica
g) Nicaragua
h) México

1. el Nuevo Sol
2. córdoba
3. colón salvadoreño/dólar estadounidense
4. peso colombiano
5. colón costarricense
6. peso argentino
7. lempira
8. peso mexicano

A.
B.
C.
D.
E.
F.
G.
H.

4. 🧑 🎧 Escucha a estas personas hablar sobre las monedas que se utilizan en sus respectivos países [32] y comprueba si tus respuestas del ejercicio anterior son correctas.

5. 👥 💬 Elijan dos países de la ruta panamericana y preparen un viaje por carretera. ¿Qué ciudades pueden visitar, cuántos kilómetros van a recorrer, qué vegetación van a encontrar…? Pongan sus resultados en común.

Unidad 5

Contenidos funcionales
- Preguntar y decir la hora
- Describir acciones y actividades habituales: fechas y localización temporal
- Expresar la frecuencia con que se hace algo

Contenidos gramaticales
- Presente de indicativo (verbos irregulares)
- Verbos reflexivos
- Adverbios y expresiones de frecuencia

Contenidos léxicos
- Actividades cotidianas y de ocio
- Partes del día
- Meses del año
- Días de la semana

Contenidos culturales
- Los horarios, costumbres y estereotipos sobre México y otros países latinos
- El lenguaje no verbal
- Literatura: Ángeles Mastretta

Nos conocemos
- Las fiestas

1 ¿Qué haces **normalmente**?

1.1. Ordena estos dibujos cronológicamente.

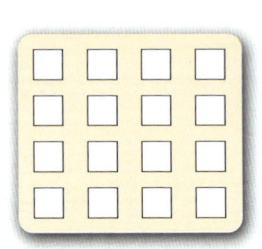

1.2. Ahora relaciona las frases con los dibujos. ¿Qué haces normalmente?

- Me despierto a las nueve y cinco.
- Me levanto a las nueve y cuarto.
- Me baño a las nueve y veinte.
- Me lavo los dientes a las nueve y veinticinco.
- Me visto a las nueve y media.
- Me peino a las veinticinco para las diez.
- Desayuno al cuarto para las diez.
- Salgo de casa al cuarto para las ocho.
- Entro a la Universidad a las diez en punto.
- Estudio en la biblioteca de once a doce.
- Meriendo a las seis de la tarde.
- Regreso a casa a las veinticinco para las siete.
- Escucho música de nueve a diez para las diez.
- Me lavo la cara a las diez.
- Veo la tele de diez y cinco a cuarto para las once.
- Me acuesto a las once.

UNIDAD 5 PRISMA LATINOAMERICANO

La **hora** y los **horarios** 2

Para hablar de la hora y de los horarios

Preguntar la hora
- ¿Qué hora es?

Dar la hora
- (Es) La una en punto.
- (Son) Las cinco.
- (Son) Casi las ocho.
- (Son) Las ocho pasadas.
- (Es) La una y dos minutos.
- (Son) Las dos y cinco/y diez.
- (Son) Las tres y cuarto.
- (Son) Las seis y media.
- (Son) Veinticinco para la una.
- (Son) Veinte para las diez.
- (Es) Cuarto para las doce.
- (Son) Las trece horas y cincuenta minutos (formal).

Preguntar por el momento de la acción
- ¿A qué hora?

Expresar la duración y el momento de la acción

- **–De... a...**
  Trabajo de 8 a 2.

- **–Desde... hasta...**
  Desde las 8 hasta las 2.

- **–A la/las...**
  A las cinco de la mañana/tarde.

Partes del día
- En la mañana/tarde/noche.
- A mediodía (12:00 a.m.).
- A medianoche (12:00 p.m.).

a.m.: antes meridiano
p.m.: pasado meridiano

En los países latinoamericanos usamos *a mediodía* para hablar del espacio de tiempo de la comida, entre la 1:00 p.m. y las 4:00 p.m., normalmente.

Nos vemos a mediodía y tomamos una cerveza.

¡Fíjate en el reloj!

2.1. Completa con tu compañero las horas de los relojes; no mires su ficha.

alumna

CONTINÚA

NIVEL A1. **COMIENZA** [setenta y uno] **71**

3 Normalmente...

3.1. Elige uno de los verbos y representa la acción con gestos. Tus compañeros tienen que decir qué haces. **Ejemplo:** *Sonia se despierta.*

- **despertarse**
- desayunar
- bañarse
- **acostarse**
- levantarse
- estudiar/trabajar
- ver la tele
- lavarse los dientes
- **salir** de la escuela/del trabajo/de casa
- lavarse
- peinarse
- **vestirse**
- escuchar el radio

Fíjate: los verbos en **negrita** son irregulares.

3.2. Lee las preguntas. Escribe dos más. Después, haz el cuestionario a tu compañero. Toma notas y cuenta a la clase las cosas más interesantes.

1. ¿A qué hora te levantas?
2. ¿Qué desayunas?
3. ¿Te bañas por la mañana o por la noche?
4. ¿Qué haces en tu tiempo libre: lees, ves la tele, escuchas música...?
5. ¿A qué hora sales de casa?
6. ¿Cuál es tu horario de trabajo?
7. ¿A qué hora te acuestas normalmente?
8. ¿Qué haces los fines de semana?
9. ....
10. ....

3.3. Compara un día de tu vida con lo que hace tu compañero normalmente. Escríbelo.

Ejemplo: *Mi compañero se levanta a las nueve y cuarto, pero yo me levanto antes...*

El presente 4

ℹ️ Usamos el *presente* para

- **Hablar de acciones habituales (lo que haces cada día)**
  ▶ *Me levanto, me baño, desayuno y voy a trabajar.*

- **Preguntar y hablar sobre acciones en ese momento**
  ▶ *¿Qué haces?*
  ▷ *Leo el periódico.*

Verbos regulares en presente de indicativo

4.1. Con tu compañero, completa el cuadro.

Presente

Trabajar	Comer	Vivir
trabaj**o**	_____	viv**o**
• trabaj**as**	com**es**	_____
_____	com**e**	viv**e**
trabaj**amos**	_____	_____
• trabaj**an**	_____	viv**en**
_____	com**en**	_____

- **Argentina:** *Vos trabajás, comés, vivís*
- **España:** *Vosotros/as trabajáis, coméis, vivís*

4.2. Con tu compañero, completa el cuadro.

Verbos reflexivos (el sujeto ejecuta y recibe la acción)

	Bañarse		Lavarse	
Yo	**me**	bañ**o**		
• Tú	**te**	bañ**as**		
Él/ella/usted	**se**	bañ**a**		
Nosotros/as	**nos**	bañ**amos**		
• Ustedes	**se**	bañ**an**		
Ellos/ellas/ustedes	**se**	bañ**an**		

- **Argentina:** *Vos te bañás*
- **España:** *Vosotros/as os bañáis*

NIVEL A1. COMIENZA [setenta y tres] 73

Verbos irregulares en presente de indicativo

A. Cambios vocálicos

4.3. Con tu compañero, completa el cuadro.

	e > ie **querer**	o > ue **poder**	e > i **pedir**	u > ue **jugar**
Yo	quiero	puedo	pido	
• Tú	quieres			juegas
Él/ella/usted		puede	pide	juega
Nosotros/as	queremos		pedimos	jugamos
• Ustedes	quieren			juegan
Ellos/ellas/ustedes		pueden		juegan

- En los verbos que tienen irregularidad vocálica la .... persona del plural no cambia.
- Otros verbos:
  - **e > ie**: querer, comenzar, empezar, entender, perder, pensar, despertarse.
  - **o > ue**: poder, encontrar, volver, dormir, costar, recordar, acostarse.
  - **e > i**: pedir, servir, vestirse.

• **Argentina**: *Vos querés, podés, pedís, jugás*
• **España**: *Vosotros/as queréis, podéis, pedís, jugáis*

En España y Argentina son regulares en estas personas.

B. Verbos con irregularidad en la primera persona

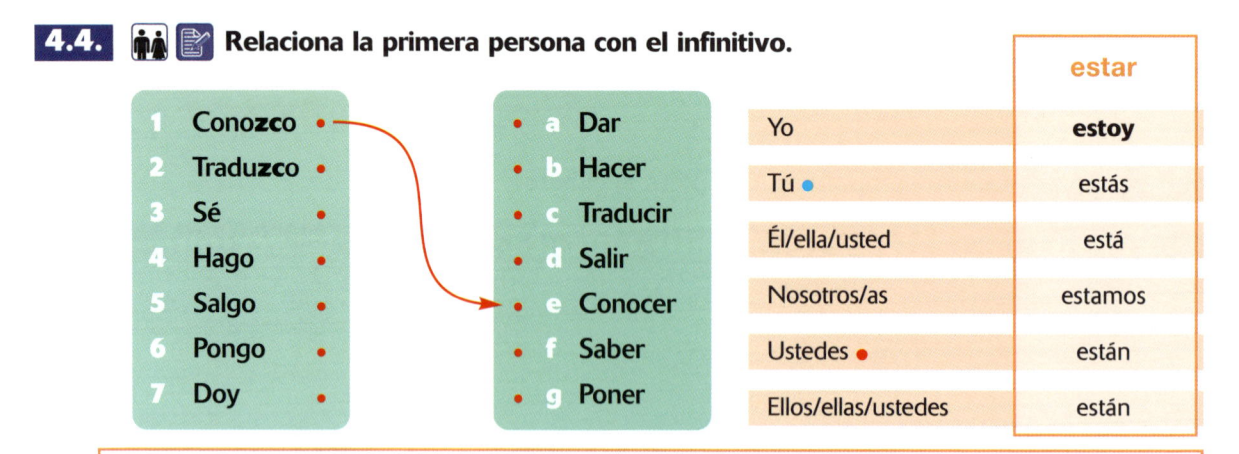

4.4. Relaciona la primera persona con el infinitivo.

1	Conozco		a	Dar
2	Traduzco		b	Hacer
3	Sé		c	Traducir
4	Hago		d	Salir
5	Salgo		e	Conocer
6	Pongo		f	Saber
7	Doy		g	Poner

	estar
Yo	**estoy**
Tú •	estás
Él/ella/usted	está
Nosotros/as	estamos
Ustedes •	están
Ellos/ellas/ustedes	están

- En estos verbos la .... persona del singular es irregular.
- Otros verbos como *conocer*:
  - producir, produ**zc**o; reducir, redu**zc**o; conducir, condu**zc**o...

• **Argentina**: *Vos estás*
• **España**: *Vosotros/as estáis*

C. Verbos con más de una irregularidad

4.5. Con tu compañero, completa el cuadro.

	venir	tener	decir	oír
Yo	**vengo**	**tengo**		**oigo**
•Tú	vi**e**nes		dices	o**y**es
Él/ella/usted	vi**e**ne	ti**e**ne	dice	o**y**e
Nosotros/as	venimos		decimos	oímos
•Ustedes	vi**e**nen			
Ellos/ellas/ustedes	vi**e**nen			o**y**en

- **Argentina:** *Vos venís, tenés, decís, oís*
- **España:** *Vosotros/as venís, tenéis, decís, oís*

D. Verbos totalmente irregulares

4.6. Completa.

	ir	ser
Yo	**voy**	**soy**
•Tú		**eres**
Él/ella/usted	**va**	
Nosotros/as	**vamos**	
•Ustedes	**van**	
Ellos/ellas/ustedes		**son**

- **Argentina:** *Vos vas, sos*
- **España:** *Vosotros/as vais, sois*

> **¡Atención a la ortografía!**
> Algunos verbos cambian por cuestiones ortográficas en la primera persona para mantener el mismo sonido:
>
> **Ejemplo:**
> *Recoger: recojo, recoges...*
> *Seguir: sigo, sigues...*

E. Otras irregularidades

4.7. Completa.

i > y entre dos vocales

	construir	destruir
Yo	constru**y**o	
•Tú	constru**y**es	
Él/ella/usted	constru**y**e	
Nosotros/as	construimos	
•Ustedes	constru**y**en	
Ellos/ellas/ustedes	constru**y**en	

- Otros verbos:
  – *Huir, oír...*

- **Argentina:** *Vos construís*
- **España:** *Vosotros/as construís*

NIVEL A1. **COMIENZA**

5 ¿Cuándo? ¿Con qué frecuencia?

5.1. Pregunta a tu compañero con qué frecuencia hace estas actividades y completa. Puedes añadir tú otras actividades.

	Siempre / Todos los días	A menudo / Muchas veces	Algunas veces	Pocas veces	Casi nunca	Nunca
Hacer ejercicio						
Leer el periódico						
Ir al dentista						
Dormir la siesta						
Andar en bici						
Ver la tele						
Escribir cartas						
Tomar cerveza						
Acostarse tarde						
Ir al cine						
Escuchar música						

5.2. Ahora, explica a los demás los hábitos de tu compañero.

Ejemplo: *Emilio no anda en bici nunca, pero juega fútbol a menudo...*

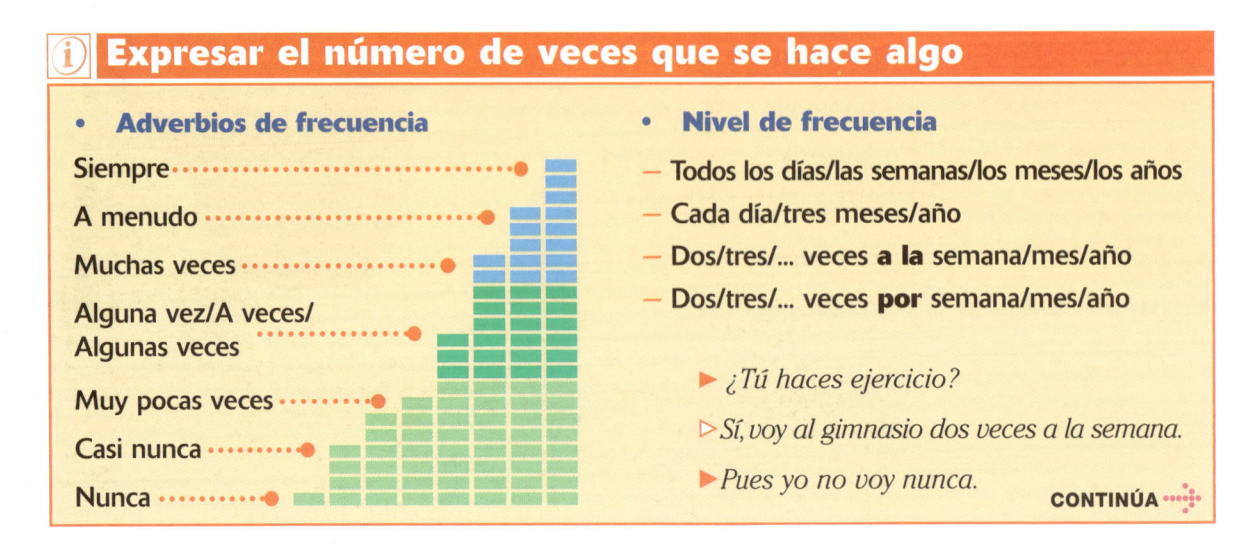

Expresar el número de veces que se hace algo

- **Adverbios de frecuencia**
  - Siempre
  - A menudo
  - Muchas veces
  - Alguna vez/A veces/ Algunas veces
  - Muy pocas veces
  - Casi nunca
  - Nunca

- **Nivel de frecuencia**
  - Todos los días/las semanas/los meses/los años
  - Cada día/tres meses/año
  - Dos/tres/... veces **a la** semana/mes/año
  - Dos/tres/... veces **por** semana/mes/año

  ▶ *¿Tú haces ejercicio?*
  ▷ *Sí, voy al gimnasio dos veces a la semana.*
  ▶ *Pues yo no voy nunca.*

CONTINÚA

76 [setenta y seis] UNIDAD 5 PRISMA LATINOAMERICANO

Días de la semana
- El/los lunes
- El/los martes
- El/los miércoles
- El/los jueves
- El/los viernes
- El/los sábado/s
- El/los domingo/s

Meses del año
- enero
- febrero
- marzo
- abril
- mayo
- junio
- julio
- agosto
- septiembre
- octubre
- noviembre
- diciembre

5.3. Ahora prepara con tus compañeros tu agenda para este fin de semana.

Viernes	Sábado	Domingo

5.4. Completa las frases con los verbos siguientes.

viajar • desayunar • trabajar • dormir
ir • acostarse • salir • tener

Muy pocos mexicanos (1)................ fuerte: un café solo o con leche y pan dulce.

La inmensa mayoría de los trabajadores (2)................ en metro o en camión para ir al trabajo.

La bicicleta no la utiliza casi nadie, pero hay muchas personas que (3)................ a pie.

Hay pocas personas que (4)................ la siesta y en las ciudades todavía menos personas (5)................ esta costumbre.

La mayoría de las personas (6)................ de 9:00 a 18:00 en horario corrido.

En la Ciudad de México, la gente (7)................ por la noche a cenar, al cine, al teatro, a tomar una copa. Por eso los mexicanos nos (8)................ muy tarde, alrededor de la una entre semana y más tarde los fines de semana.

5.4.1. **Escribe un texto similar con las costumbres de la gente de tu país.**

5.5. **Mira esta foto y dile a tu compañero:**

¿Qué hace esta gente? ¿Qué día de la semana es? ¿Son amigos? ¿Compañeros de trabajo?...

¿Cómo crees que es el carácter de los latinoamericanos? ¿Puede ser una foto de tu país?

5.5.1. **Lee el siguiente texto sobre los mexicanos.**

• **España:** *charlar*

Los mexicanos son gente abierta y amable, a veces demasiado. Los mexicanos platican mucho con sus amigos, comen y cenan fuera de casa cuando celebran algo. Algunos inventan cualquier pretexto para celebrar.

Los mexicanos están orgullosos de su país, de sus costumbres y sus tradiciones. ¿Y por qué son así? Porque según dicen, el clima determina el carácter de la gente y la forma de vida de cada país. En la mayoría de los países latinoamericanos el clima es cálido con muchos meses de sol al año y el sol hace tranquila, cariñosa y sociable a la gente. En realidad, cada país y cada pueblo es como es y tiene sus propias características.

5.5.2. **¿Verdadero o falso? Justifica tu respuesta con la información del texto.**

	Verdadero	Falso
1. Los mexicanos son antipáticos.	☐	☐
2. Los mexicanos hablan mucho.	☐	☐
3. En México se cena siempre fuera de casa.	☐	☐
4. Los mexicanos solo celebran en ocasiones especiales.	☐	☐
5. Los gente mexicana adora su país.	☐	☐
6. El clima de los países latinoamericanos es muy caluroso.	☐	☐
7. Los mexicanos son sociables.	☐	☐
8. Todos los países de Latinoamérica son iguales.	☐	☐

5.5.3. **Une estas frases.**

1. El clima marca
2. Los mexicanos son
3. En los paises latinoamericanos
4. La gente de México
5. Los mexicanos están
6. Cada país

- a es diferente.
- b orgullosos de su país.
- c amables y simpáticos.
- d hay muchos días de sol.
- e es sociable y cariñosa.
- f el carácter de las personas.

5.5.4. **Responde a estas preguntas sobre el texto.**

1. ¿Tú estás más contento cuando hace sol que cuando llueve? ¿El clima influye en el carácter de la gente? ¿Cómo y por qué?
2. ¿Crees que los latinos salen mucho?
3. ¿Por qué las playas y el sol son importantes para los latinos?
4. ¿Qué significa para ti la frase "como México no hay dos"?
5. ¿Crees que los mexicanos son amables, abiertos y cariñosos?
6. ¿Qué opinas del carácter de los latinos?

5.6. **Pregunta a tu compañero por sus costumbres. Toma notas, porque luego vas a explicarlo al resto de la clase.**

- ¿A qué hora...?
- ¿Cuándo...?
- ¿Qué haces...?
- ¿Qué...?
- ¿Dónde...?
- ¿Con quién...?
- ¿Cómo...?

- Viernes por la tarde
- Hora de la comida
- Domingos por la mañana
- Horario de trabajo
- Hora de acostarse

- Hora de levantarse (fines de semana)
- Deportes que practica
- Lugar de la cena (sábados)
- Hacer en tiempo libre
- Regresar a casa

5.7. **Escucha el siguiente diálogo de dos jóvenes mexicanos y completa esta agenda.**
[33]

ENERO 19 SÁBADO
- En la mañana...
- En la tarde...
- En la noche...

ENERO 20 DOMINGO
- En la mañana...
- En la tarde...
- En la noche...

NIVEL A1. **COMIENZA** [setenta y nueve] **79**

5.8. Busca en este texto las actividades culturales y deportivas, y las actividades que realizan en casa.

> **María:** Miguel, ¿qué haces tú los fines de semana?
>
> **Miguel:** Los sábados en la mañana me levanto temprano porque me gusta salir a correr. Cuando regreso a la casa, desayuno, me baño y voy al mercado. Después, cocino para toda la semana. En la tarde, navego en Internet, estudio un rato y en la noche, muchas veces, voy con mis amigos a un antro.
>
> **María:** Pues yo los sábados prefiero dormir muy tarde. Luego, cuando me levanto, también voy al súper y hago la limpieza. Me gusta comer fuera y en la tarde voy al cine. En la noche, voy a la disco porque me gusta mucho bailar.
>
> **Miguel:** ¿Y qué haces los domingos?
>
> **María:** Los domingos voy a ver alguna exposición pero, si hace buen tiempo, ando en bici. En la tarde, juego tenis con mi hermana y después, ceno con mis papás.
>
> **Miguel:** Pues yo los domingos los dedico a hacer deporte: juego futbol y luego nado en la alberca• del club. En la tarde, después de comer, voy a dar una vuelta y en la noche veo la tele.

- **Argentina:** *pileta, piscina*
- **España:** *piscina*

Actividades culturales y deportivas	Actividades que realizan en casa

5.9. Escucha atentamente los datos de esta encuesta sobre algunos aspectos importantes para los mexicanos y relaciona la información. [34]

1	Platicar con amigos y compañeros	•	• a	22%
2	Ver mensajes en el celular	•	• b	77%
3	Comer con la familia los domingos	•	• c	39%
4	Chatear con otra persona	•	• d	2%
5	Tener contacto diario con los familiares	•	• e	14%
6	Ver la televisión en la noche	•	• f	17%
7	Salir en la tarde con un ser querido	•	• g	5%

5.9.1. ¿Qué conclusiones sacan de esta encuesta?

- La mayoría de los mexicanos...
- Muchos mexicanos...
- Pocos mexicanos...
- Muy pocos mexicanos...

5.9.2. ¿Cómo son estas costumbres en tu país?

- En mi país...
- En...

5.10. Elige un personaje famoso y describe un día normal en su vida. Tus compañeros tienen que adivinar quién es.

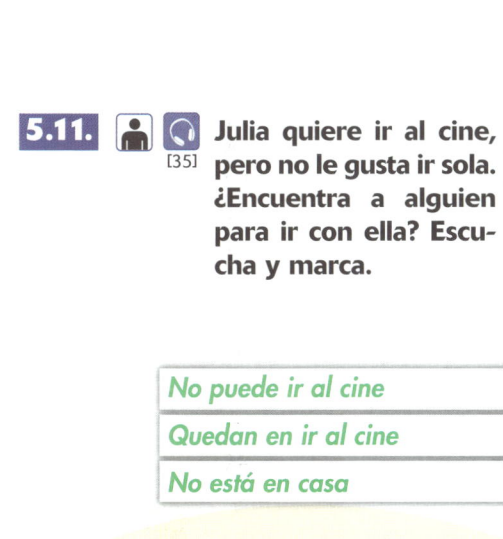

5.11. Julia quiere ir al cine, pero no le gusta ir sola. ¿Encuentra a alguien para ir con ella? Escucha y marca.

	Martha	Joaquín	Rosa
No puede ir al cine	☐	☐	☐
Quedan en ir al cine	☐	☐	☐
No está en casa	☐	☐	☐

5.11.1. Vuelve a escuchar y completa.

1. .... a las siete.
2. .... el fin de semana.
3. ¿A qué hora ....?
4. ¿Por qué no .... para tomar un café?

Usamos el verbo .... para establecer la hora, el lugar o la persona con la que tenemos un encuentro o una cita.
- ¿A qué hora ....?
- ¿Con quién ....?
- ¿Dónde ....?

Para proponer actividades y hacer planes usamos: ¿Por qué no...?

5.12. Queda con tus compañeros. Hay diferentes propuestas.

• **España:** *entradas*
• **Argentina:** *entradas*

Alumno A: tienes tres boletos para un partido de futbol.

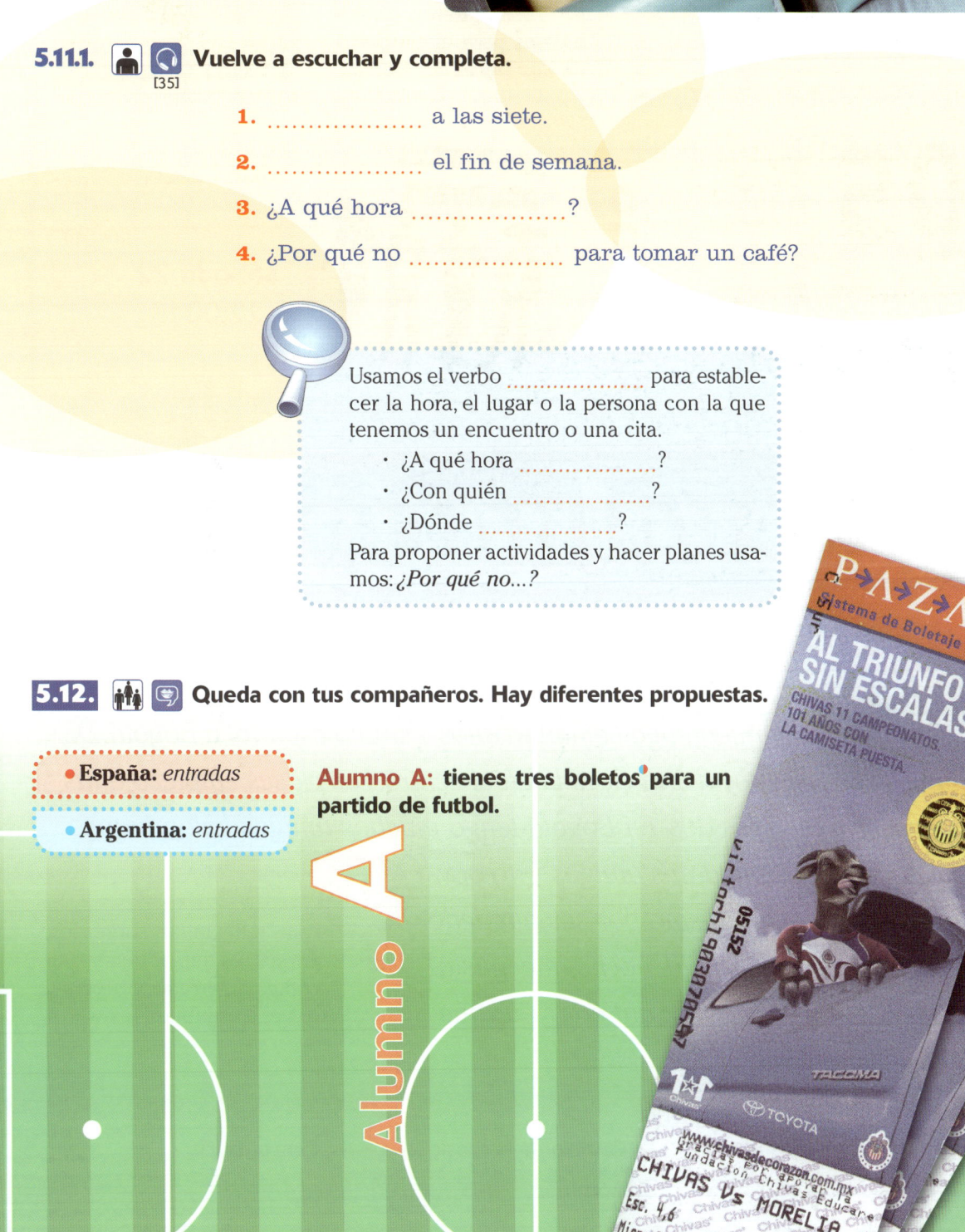

Alumno A

NIVEL A1. COMIENZA [ochenta y uno] 81

Alumno B: tienes dos boletos para el cine. Para el sábado a las 7:30 p.m.

Alumno C

Alumno C: tienes dos boletos para el teatro. El viernes a las 9 p.m.

Alumno B

Alumno D: tienes cuatro boletos para el concierto de Los Tigres del Norte.

Alumno D

Autoevaluación

1. Corrige este texto. Tu profesor tiene las soluciones.

Me llamo es Jennifer. Tengo veintiuno años. Estudio español a Bogotá. De lunes a viernes voy a una escuela en el centro. Las clases empiezo a las diez y terminan las dos. En Bogotá tengo muchos amigos colombiano. Los fines de semana mis amigos y yo voy al cine y a hacer turismo por sus alrededores. Los viernes por la noche, me gusta salir a tomar la copa y a antrear. ¿Y tu, que haces normalmente?

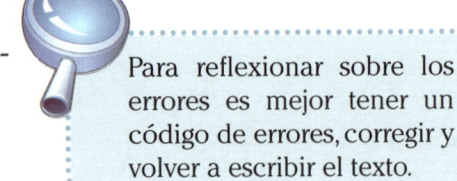

Para reflexionar sobre los errores es mejor tener un código de errores, corregir y volver a escribir el texto.

Muestra de código:

- ∕ Palabra o letra que sobra
- — Cambio de preposición
- ∼ Concordancia
- ∨ Falta palabra
- ▢ Acento

Nos conocemos

LAS FIESTAS

1. Estas fotos reflejan dos fiestas diferentes. ¿Qué creen que tienen en común? ¿Pertenecen al mismo país? Hablen con sus compañeros.

Fiesta de ....
Se celebra en ....

Fiesta de ....
Se celebra en ....

2. Lean los siguientes textos prestando especial atención a las palabras señaladas en negrita y completen el ejercicio anterior. Busquen en el diccionario las palabras que no entiendan y relacionen las definiciones con su significado.

Las **Fiestas del Pilar** son las **fiestas patronales** de Zaragoza (Aragón, España) que se celebran en honor de la Virgen del Pilar. Tienen lugar la semana del 12 de octubre y duran unos diez días. Hay celebraciones religiosas como la misa de Infantes en la Basílica del Pilar a las 4:30 horas de la madrugada, la ofrenda de flores con la que miles de personas hacen un traje a la Virgen, la **ofrenda** de frutos y el rosario de cristal, que se celebra de noche, donde desfilan 29 **carrozas** de cristal que representan los misterios del **rosario**. Su origen data de 1889.
Entre las celebraciones no religiosas están: el pregón, la comparsa de gigantes y cabezudos, la feria de muestras en las que hay productos de la tierra, la feria de la cerveza *Oktoberfest*, en la que se sirven productos alemanes, la feria taurina. También hay actividades infantiles, atracciones mecánicas, **fuegos artificiales** y un gran fin de fiesta con un concierto al aire libre junto al río Ebro.

La **Feria de las Flores** es una fiesta pagana que se celebra en Medellín, Colombia, entre los meses de julio y agosto y dura 10 días. Cada año, miles de personas se reúnen en torno a esta fiesta que celebra el florecimiento y las **costumbres** de la vida entera de la región. Hay más de 130 celebraciones. Entre las más importantes están el Desfile de silleteros, que es un desfile de personas que llevan millones de flores cargadas en silletas a la espalda, la gran Cabalgata. La exposición de Arrieros mulas y fondas ofrece un recorrido por sus **artesanías**, sus costumbres y sus comidas más representativas.
También hay tablados musicales por toda la ciudad, una exposición de orquídeas, pájaros y flores, desfiles de autos clásicos y antiguos, una feria equina, festival de bandas.

a	fiestas patronales	1	artificios que producen luz, color y sonido y se usan en fiestas espectáculos.
b	ofrenda	2	coche adornado que se utiliza en las fiestas públicas.
c	carroza	3	regalo que se dedica a Dios o a los santos.
d	rosario	4	hábitos y práticas de una persona o un pueblo.
e	fuegos artificiales	5	fiestas celebradas en honor a un patrón, santo o virgen.
f	artesanías	6	arte u objetos hechos a mano.
g	costumbres	7	objeto formado por piezas que los católicos utilizan para rezar.

NIVEL A1. COMIENZA

2.1. Busquen en las dos fiestas tres elementos comunes y tres elementos diferentes.

Elementos comunes	Elementos diferentes

2.2. [36] Digan si estas afirmaciones son verdaderas o falsas. Comparen sus respuestas con las de su compañero y corríjanlas si es necesario. Luego, escucha y comprueba.

	V	F
a. Esta fiesta de España se celebra en honor a la Virgen del Carmen.	○	○
▶		
b. La Feria de las Flores se celebra en Bogotá, capital de Colombia.	○	○
▶		
c. En las Fiestas del Pilar hay fuegos artificiales y un gran concierto al final de las celebraciones.	○	○
▶		
d. En la Feria de las Flores los silleteros transportan frutos en sillas.	○	○
▶		

3. Estas son otras fiestas de España y de Latinoamérica. Busquen información sobre ellas en Internet y completen la información.

① Fallas
¿Dónde se celebra? ....
¿Cuándo se celebra? ....

② Fiesta del palo volador
¿Dónde se celebra? ....
¿Cuándo se celebra? ....

③ Sanfermines
¿Dónde se celebra? ....
¿Cuándo se celebra? ....

④ Día de muertos
¿Dónde se celebra? ....
¿Cuándo se celebra? ....

⑤ Fiesta del Sol
¿Dónde se celebra? ....
¿Cuándo se celebra? ....

⑥ Tomatina
¿Dónde se celebra? ....
¿Cuándo se celebra? ....

4. Expliquen a sus compañeros la fiesta más importante de su país. ¿En qué se parecen estas fiestas a la suya?

Unidad 6

Contenidos funcionales
- Expresar gustos y preferencias
- Expresar acuerdo y desacuerdo
- Ordenar algo en un restaurante o bar

Contenidos gramaticales
- Verbos *gustar, encantar*...
- Verbo *doler*
- Pronombres de objeto indirecto
- Adverbios:
    - *también/tampoco*

Contenidos léxicos
- Ocio y tiempo libre
- Comidas y alimentos
- Partes del cuerpo
- En el médico

Contenidos culturales
- Gastronomía latina
- Los restaurantes, bares y cantinas en los países latinos
- Gestos relacionados con el bar
- El ocio en los países latinos

Nos conocemos
- Platos típicos y sus recetas

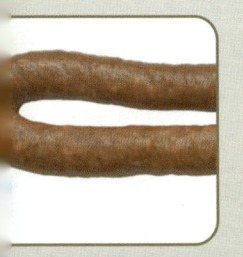

1 Ocio y tiempo libre

1.1. ¿Qué actividades de ocio conocen?

1.2. Lee el siguiente texto.

1.2.1. Contesta estas preguntas.

¿Qué le gusta...

...a él?

...a ella?

¿y a ti?

Juan y Carmen son un matrimonio con gustos diferentes. A Juan le gusta el futbol, ver la televisión y salir con los amigos. No le gusta nada cocinar. Le encanta salir de excursión con su familia en su carro nuevo. A Carmen le encanta cocinar y le gustan las películas de ciencia ficción, ir al teatro e ir de compras con sus amigas. También le gusta salir de paseo con su familia.

◆ El verbo *gustar*

(A mí)	me		
(A ti) •	te		
(A él/ella/usted)	le	gusta	el cine / jugar futbol
(A nosotros/as)	nos		
(A ustedes) •	les	gustan	las computadoras
(A ellos/as/ustedes)	les		

Igual que *gustar*: encantar, importar, doler, parecer, quedar/sentar bien/mal (algo a alguien), pasar (algo a alguien)...

Para marcar la intensidad usamos:
- Me gusta **muchísimo** el cine.
- Te gusta **mucho** bailar.
- Le gustan **bastante** los pasteles.
- **No** nos gustan **demasiado** los deportes.
- **No** les gusta **nada** viajar.

• **Argentina:** *A vos te gusta/n*
• **España:** *A vosotros/as os gusta/n*

86 [ochenta y seis]   UNIDAD 6   PRISMA LATINOAMERICANO

Mismos gustos

☺ ☺
▶ Me gusta/n.   ▷ A mí también.

☹ ☹
▶ No me gusta/n   ▷ A mí tampoco.
(mucho).

Gustos diferentes

☺ ☹
▶ Me gusta/n.   ▷ A mí, no (mucho).

☹ ☺
▶ No me gusta/n   ▷ A mí, sí.
(mucho).

1.3. Piensa en tus papás, un buen amigo y una buena amiga. Ahora completa el cuadro. Después, cuéntaselo a tu compañero.

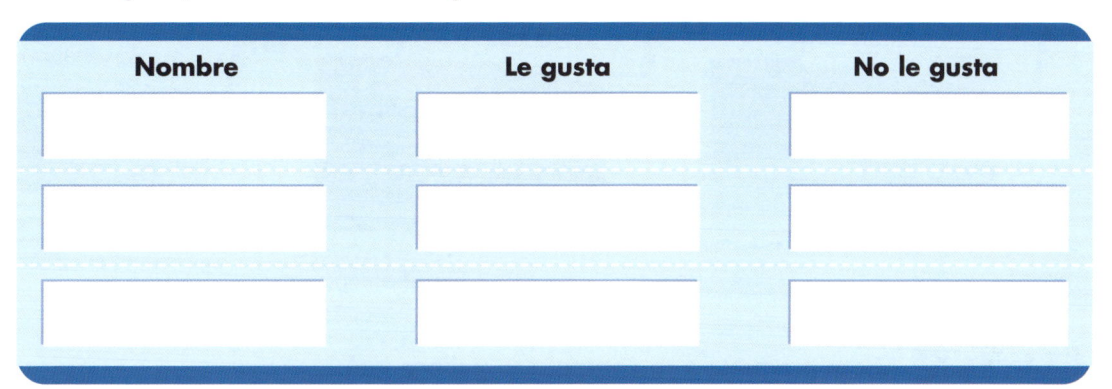

Nombre	Le gusta	No le gusta

1.4. Escribe cinco cosas que te gustan. Después, pregunta por la clase y encuentra compañeros con tus mismos gustos y con gustos diferentes.

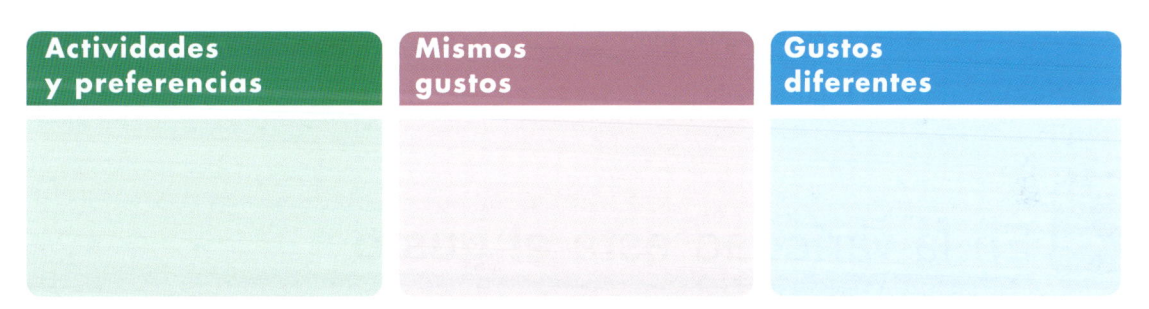

Actividades y preferencias	Mismos gustos	Gustos diferentes

1.5. ¿Recuerdas el vocabulario de ocio y tiempo libre? Escribe en cada ilustración el verbo correspondiente: **TOMAR**, **VER**, **IR** o **JUGAR**.

1. .... al cine
2. .... a las cartas
3. .... fútbol
4. .... un café
5. .... a un concierto
6. .... una película

CONTINÚA

NIVEL A1. COMIENZA [ochenta y siete] 87

7. .... basquetbol

8. .... una botana •

9. .... una torta

10. .... al teatro

11. .... unas cerveza

12. .... al campo

13. .... el sol

14. .... una obra de teatro

15. .... de vacaciones

• **España:** *tapa*

1.5.1. Ahora pregunta a tu compañero y dinos qué:

- Le encanta ....
- Le gusta mucho ....
- No le gusta demasiado ....
- No le gusta nada ....

2 En la variedad está **el gusto**

2.1. Lee los siguientes textos sobre estos personajes.

GAEL
Actor de cine

A Gael le gusta mucho divertirse en la noche e ir a fiestas y reuniones, aunque prefiere pasar desapercibido.

Gael es un gran comelón. Le encanta la comida mexicana, sobre todo los antojitos: las carnitas, la cochinita pibil y la barbacoa. Sin embargo, no le gusta mucho la verdura.

Gael es un amante del tequila y el mezcal.

CONTINÚA

RAFA
Futbolista

Rafa desayuna fuerte todas las mañanas. Normalmente toma leche, pan tostado, jamón, queso y fruta.

A Rafa le gusta manejar, pero a veces toma el metro para ir a entrenar. Le gusta hablar con la gente en la calle y firmar autógrafos. Le gusta mucho ir al cine con sus hijos y también al teatro con su novia y sus amigos.

Sus platos preferidos son los chiles en nogada y el ceviche a la veracruzana. No le gusta mucho la comida grasosa.

LILIANA
Modelo

A Liliana le gusta cuidarse. Va al gimnasio tres veces por semana y los fines de semana practica la natación, los pilates y también le gusta el *spinning*.

Para comer, a Liliana le gustan las ensaladas y todo tipo de pescados. No le gustan las comidas grasosas y toma mucha agua. A Liliana le encantan los antojitos mexicanos, pero tiene que controlar su peso. Es una apasionada de la comida japonesa. Su plato favorito es el yakimeshi.

2.1.1. Di si las siguientes afirmaciones son verdaderas o falsas y justifica tu respuesta.

	Verdadero	Falso
1. A Liliana y a Gael les encantan los antojitos mexicanos.	☐	☐
2. A Rafa no le gusta manejar.	☐	☐
3. A Gael le gusta el tequila y el mezcal.	☐	☐
4. A Liliana no le gusta el yakimeshi.	☐	☐
5. Rafa desayuna huevos con tocino.	☐	☐
6. A Rafa le encanta la cochinita pibil.	☐	☐
7. A Gael le gustan mucho las fiestas.	☐	☐
8. Rafa tiene que controlar su peso.	☐	☐
9. A Rafa le gusta mucho ir al cine con sus hijos.	☐	☐
10. Rafa y Liliana hacen mucho deporte.	☐	☐

2.2. Escribe sobre los gustos de algún personaje famoso de tu país, un familiar o un personaje imaginario.

....
....
....
....
....

2.3. Una cuestión de lógica. Lee las frases y completa el cuadro.

Nombre	Profesión	Comida	Ocio

1. A la profesora le gustan los tacos.
2. Al abogado le gusta la música pop.
3. A Juan le encanta el futbol.
4. Juan no es abogado.
5. A Antonio le gusta comer tortas.
6. Al que le gusta el ceviche es periodista.
7. A Ana le gustan mucho las películas de ciencia ficción.

2.4. Lee este anuncio de la sección de contactos.

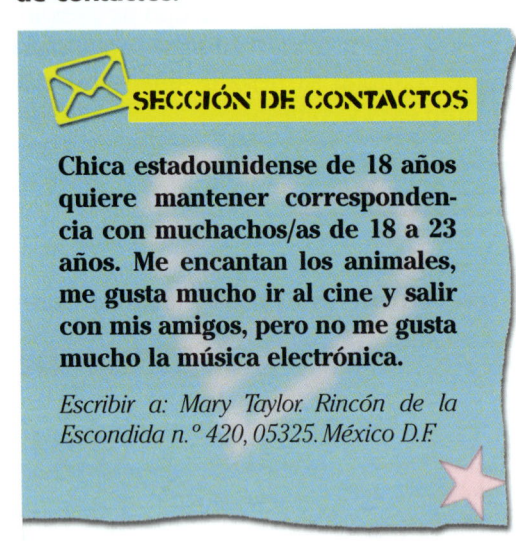

SECCIÓN DE CONTACTOS

Chica estadounidense de 18 años quiere mantener correspondencia con muchachos/as de 18 a 23 años. Me encantan los animales, me gusta mucho ir al cine y salir con mis amigos, pero no me gusta mucho la música electrónica.

Escribir a: Mary Taylor. Rincón de la Escondida n.º 420, 05325. México D.F.

2.4.1. Ahora escribe un anuncio para buscar amigos por correspondencia o correo electrónico. Después pega tu anuncio en el tablón de la clase y elige uno que te guste.

2.4.2. Ahora, responde al anuncio.

3. Las comidas en México

3.1. Lee los siguientes textos sobre los hábitos alimenticios de los mexicanos.

En México, en ciertos sectores sociales, solo hacen tres comidas diarias: desayuno, comida y cena; optando por una dieta más ligera. Tradicionalmente hay cinco momentos del día importantes desde el punto de vista de relación social con la familia y el círculo de amigos.

El desayuno consiste en pan, mantequilla, mermelada, café, cereal, galletas o jugo de frutas.

El almuerzo, donde se acostumbra a tomar atole con un tamal, quesadillas, algún guisado de carne o huevos al gusto, acompañado con

CONTINÚA

frijoles y tortillas, también se puede disfrutar de unos chilaquiles o molletes. Para algunos es un desayuno fuerte, si no se desayunó.

La comida, por lo general, es muy abundante. Consiste en una sopa aguada (consomé, caldo, crema), una sopa seca (arroz, pasta), un plato fuerte, frijoles, postre, café o té. Es costumbre acompañar la comida con agua fresca, tortillas calientes y salsa picante.

La merienda es habitual a media tarde. Consiste en café con leche y pan dulce.

La última comida del día es **la cena**, donde se toman tamales, atole, tacos al pastor, tortas, quesadillas, gorditas…

3.2. Escribe un texto comparando la dieta mexicana con las costumbres alimenticias de tu país.

Ejemplo: *En mi país se desayuna más fuerte que en México. Generalmente…*

¡Recuerda! Para comparar dos cosas:

Esto es **más** bonito **que** eso.

Tu hermano es **tan** alto **como** el mío.

Eso me gusta **menos que** esto.

3.3. ¿Qué se puede ordenar en un bar, restaurante o cantina? Escríbelo debajo del apartado correspondiente.

Botanas

Antojitos

Bebidas

3.4. Escucha esta conversación en un bar y contesta las siguientes preguntas.
[37]

1. ¿Desean ordenar?
2. ¿Qué comen?
3. ¿Qué toman?
4. ¿Qué parte del día es?
5. ¿Cómo pagan?

Elige la respuesta correcta y justifícala.

Uno de ellos invita al otro ...○
Pagan la mitad cada uno ....○   Paga cada uno lo suyo ....○
No pagan ....○   Invita el mesero ●...............○

● **España:** *camarero*

NIVEL A1. **COMIENZA**   [noventa y uno] **91**

3.5. ¿Qué se puede ordenar en un restaurante? Mira el menú y pregunta el vocabulario que no conozcas. A continuación, escucha esta conversación en un restaurante y completa la información.
[38]

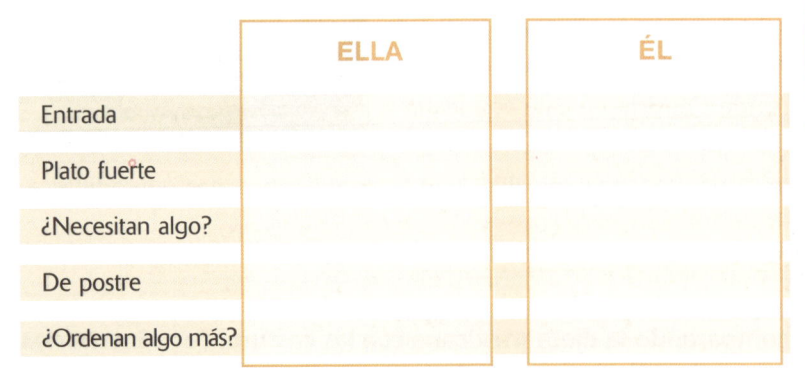

	ELLA	ÉL
Entrada		
Plato fuerte		
¿Necesitan algo?		
De postre		
¿Ordenan algo más?		

LOS DOS PANZONES
Menú del día

Entrada
Ensalada de nopales
Arroz a la mexicana
Frijoles charros
Sopa azteca
Consomé de pollo

Plato Fuerte/Guisado
Bistec a la mexicana
Pollo en salsa verde
Enchiladas rellenas
Chiles rellenos
Mojarra frita
Pescado a la diabla
Camarones al mojo de ajo

Postres
Arroz con leche
Pastel
Chongos
Flan

3.5.1. Están en un restaurante y tienen que ordenar la comida. Uno de ustedes es el mesero. El menú les puede ayudar.

4 Repetimos

4.1. Observa esta encuesta sobre las actividades de ocio más frecuentes de los jóvenes mexicanos. Ordénala según tus preferencias y coméntala con tu compañero.

INFORME SOBRE LA JUVENTUD MEXICANA
ACTIVIDADES DE OCIO MÁS FRECUENTES (%)

- Música — 84%
- Leer tres libros al año — 56,40%
- Juegos — 54%
- Humor — 37%
- Deporte — 33%
- Noticias — 26%
- Aficiones — 21%
- Programas de televisión — 14%
- Software — 12%
- Concursos — 6%
- Apuestas — 3%

Adaptado de: http://www.razonypalabra.org.mx/N/n67/varia/aarribas.html

4.2. Clasifica los productos.

queso • moronga • atún • lechuga • frijoles • leche • naranjas • sardinas • peras
manzanas • chorizo • jamón • huachinango • res • cebollas • jitomates • fresas
calabacitas • yoghurt • ajo • col • coliflor • chuletas de puerco • uvas • chile • camarones

Verduras y legumbres	Frutas	Carnes y carnes frías	Pescados y mariscos	Productos lácteos

4.2.1. Junto con tu compañero, escribe más nombres de productos alimenticios. ¿Cuántos puedes escribir en dos minutos? Después, léelos a toda la clase.

4.2.2. Ahora haz una encuesta entre tus compañeros para saber qué alimentos les gustan más y cuáles les gustan menos, y también para saber quién tiene unos gustos más parecidos a los tuyos.

Ejemplo: ▷ Hans, ¿te gustan los aguacates?
  ▶ Sí.
  ▷ A mí también.

– **A mi compañero** le gustan los aguacates.
– **A mí** también.

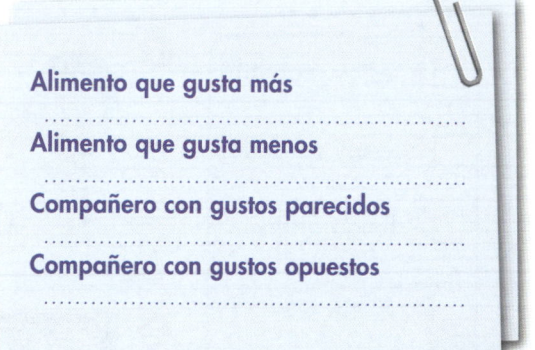

Alimento que gusta más
....
Alimento que gusta menos
....
Compañero con gustos parecidos
....
Compañero con gustos opuestos
....

El cuerpo 5

5.1. Estas son las partes del cuerpo, pero, ¿sabes qué artículo llevan? Escribe con tu compañero los artículos.

Ejemplo: *El pie, los pies (son dos)*

cabeza
ojo
nariz
mano
dedos
panza/estómago
rodilla
dedos
pie

oreja
ceja
boca
pecho
brazo
espalda
nalga
pierna

5.2. Tapa el dibujo anterior y completa con las partes del cuerpo.

NIVEL A1. **COMIENZA** [noventa y tres] **93**

6 Me duele, doctor

6.1. Relaciona las frases con los dibujos.

- a. estoy mareado
- b. estoy cansado
- c. tengo gripa●
- d. tengo tos
- e. estoy enfermo
- f. tengo fiebre

• **Argentina:** *gripe*
● **España:** *gripe*

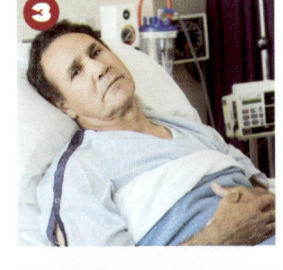

6.2. Mira a estas personas. No están bien. ¿Qué les duele?

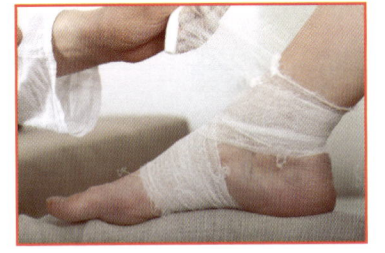

1. ***Le duele** la cabeza*
2. ***Le duelen** los pies*
3.
4.
5.
6.
7.
8.

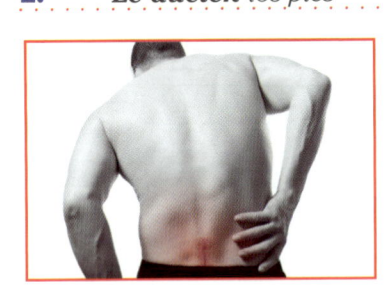

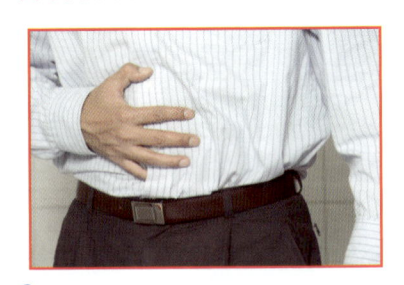

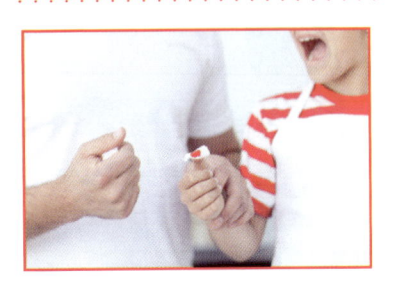

A veces no nos sentimos bien y nos duele alguna parte del cuerpo:

Me duele el estómago.

*Me duele**n** + nombre plural*
Me duelen los pies.

94 [noventa y cuatro] UNIDAD 6 PRISMA LATINOAMERICANO

6.3. Relaciona.

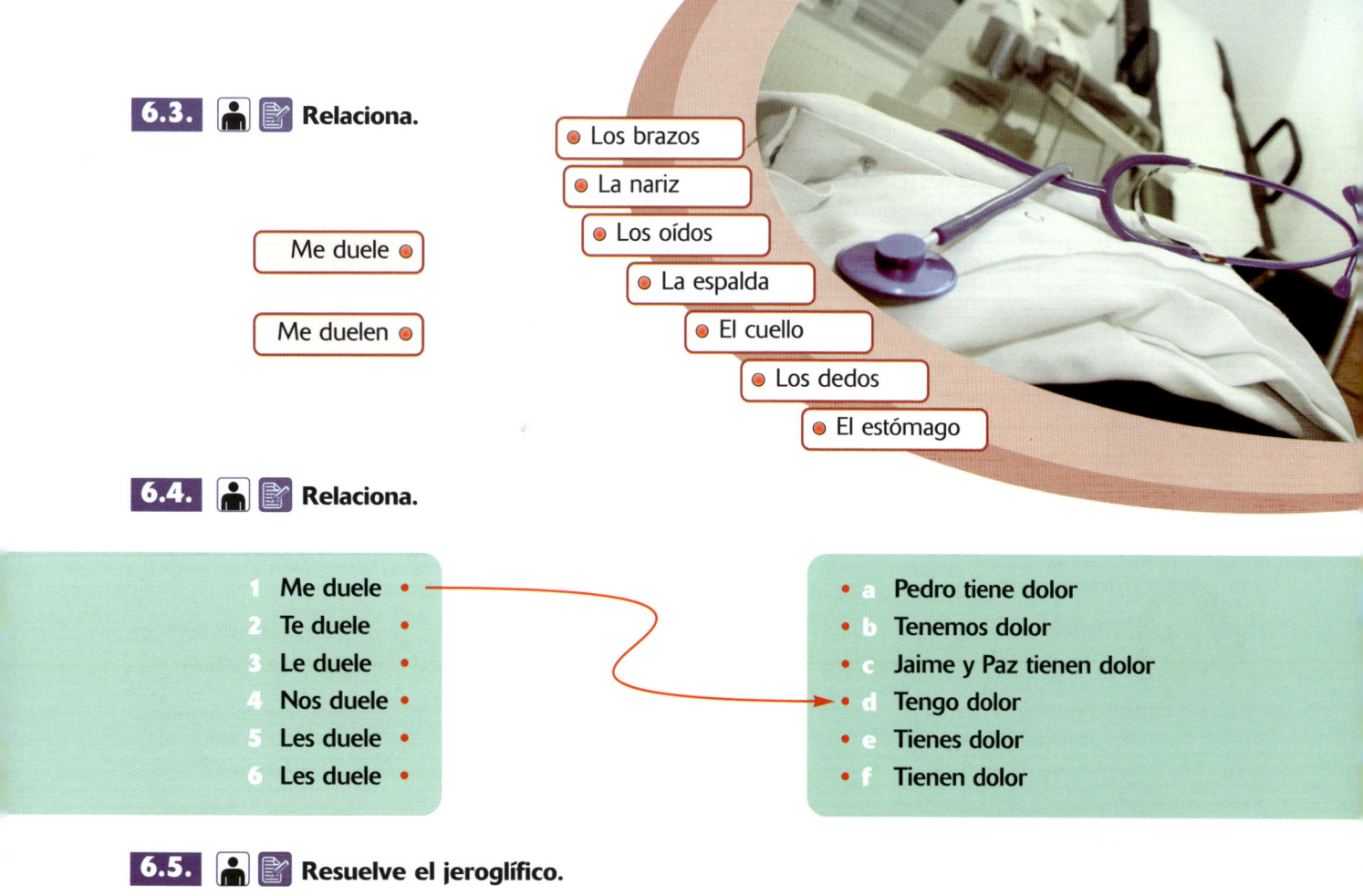

Me duele ○
Me duelen ○

○ Los brazos
○ La nariz
○ Los oídos
○ La espalda
○ El cuello
○ Los dedos
○ El estómago

6.4. Relaciona.

1. Me duele
2. Te duele
3. Le duele
4. Nos duele
5. Les duele
6. Les duele

a. Pedro tiene dolor
b. Tenemos dolor
c. Jaime y Paz tienen dolor
d. Tengo dolor
e. Tienes dolor
f. Tienen dolor

6.5. Resuelve el jeroglífico.

ÚLTIMAMENTE TRABAJO MUCHO. HOY ES VIERNES Y [imagen] DE VERDAD.

ADEMÁS, NO ME ENCUENTRO MUY BIEN, TENGO [imagen] Y ME [imagen].

CREO QUE [imagen], POR LO MENOS 37 Y MEDIO. TENGO MUCHO FRÍO Y [imagen].

CREO QUE ME VOY A METER [imagen] AHORA MISMO. SEGURO QUE

PORQUE ADEMÁS [imagen] ¡QUÉ HORROR!

6.6. Para el dolor. Con tu compañero, digan para qué sirven estos remedios.

- Una aspirina
- Un vaso de leche
- Un té
- Agua con sal

- Dormir mucho
- Ejercicio
- Natación
- Yoga

- Un antibiótico
- Un tequila
- Descansar
- Pilates

Ejemplo: *Una **aspirina** y **dormir** mucho, para el dolor de cabeza.*

NIVEL A1. **COMIENZA** [noventa y cinco] **95**

6.7. Estás en la sala de espera del médico, donde es habitual en los países latinos contarle a otros pacientes tus enfermedades. Elige un personaje y cuenta quién eres y qué te pasa; seguro que encuentras apoyo moral.

Nombre: Lucía
Observaciones:
– Madre de un niño de 3 meses.
– Es el primer niño.
– El niño tiene fiebre. Está llorando todo el tiempo. No quiere comer.
– La madre está muy preocupada.

Nombre: Sara   **Edad:** 76 años
Observaciones:
– Tiene artritis.
– Le duelen los huesos, especialmente las manos.
– Vive sola. Sus hijos viven en otra ciudad.
– Platica sin parar.

Nombre: Antonio   **Edad:** 67 años
Observaciones:
– Tiene bronquitis crónica.
– Fuma muchísimo.
– Se queja siempre de los médicos.
– Está resfriado. Le duele la garganta y el pecho.

Nombre: Magdalena   **Edad:** 63 años
Observaciones:
– Tiene un dolor en la espalda. No sabe si es muscular o un dolor de riñones o lumbago.
– Está preocupada.

Nombre: Luis
Observaciones:
– Luis cuida a Dani. Dani tiene 4 años.
– Dani está pálido. No quiere jugar. No tiene fiebre pero dice que le duele mucho el estómago.
– Su padre tiene problemas de estómago.

Autoevaluación

1. Clasifica los siguientes ejercicios para aprender español, según tus preferencias.

- Los juegos de lógica
- Los crucigramas
- Los ejercicios para completar huecos
- Los ejercicios de verdadero y falso
- Los "roleplay"
- Los ejercicios de dibujar
- Usar imágenes para hablar
- Las redacciones
- Leer textos
- Los ejercicios de vocabulario
- Los ejercicios de conversación en parejas
- Las representaciones
- Hacer mímica
- Los juegos
- Los ejercicios de transformar oraciones
- Las audiciones
- Los ejercicios de pronunciación del español
- Los dictados
- Las traducciones
- El trabajo con diccionario
- Otros...

Me gusta / No me gusta

Me gustan / No me gustan

Me parece interesante / No me parece interesante

Me parecen interesantes / No me parecen interesantes

Nos conocemos

Platos típicos y sus recetas

1. ¿Sabes qué son las "empanadas"? Busca la palabra en tu diccionario, escribe la definición y compárala con la de tus compañeros.

   • **España:** *empanadillas*

2. Toda receta tiene su historia. Vamos a conocer cuál es el origen de las empanadas.

   > Hay muchos tipos de empanadas con rellenos diferentes: *las salteñas, las tucumanas, las arepas, las empanadas argentinas*, etc.
   >
   > Las empanadas son originarias de Persia. De Persia viajan a la Península Ibérica con los árabes en el siglo VIII. De la Península Ibérica viajan a América. Primero llegan a la región andina y de allá a toda Latinoamérica. Esta exquisita y práctica comida tiene distintas variantes: picante, dulce o salada. Las preparan en el horno común o de barro, o fritas, con repulgue(*) arriba. Las cocinan con comino en el noroeste argentino o con ají(*) del Perú, también con aceituna o pasas de uva, etc. En México las hacen con tortillas o maíz, las rellenan tradicionalmente con queso y las llaman "quesadillas". Las primeras empanadas "potosinas" se cocinan en la ciudad de Potosí (Bolivia) en el siglo XVI, y como las venden mujeres de la ciudad de Salta (Argentina) se llaman "*salteñas*". Dicen que son las más famosas y están en todas las fiestas. El relleno cambia de región en región. Las típicas empanadas "salteñas" tienen forma de croissant. Llevan huevo duro, cebolla blanca, cebolla de verdeo, pimentón, ají, comino y pasas de uva. Después de rellenar la masa, se cocinan en horno de barro o se fríen y ¡a comerlas con la mano!
   >
   > (*) REPULGUE: es el cierre que se hace en los bordes de las empanadas doblando la masa con las manos o un tenedor.
   > (*) AJÍ: *chile*.

   2.1. Completa la definición del ejercicio 1 con la información del texto.

   2.2. Formen dos equipos. Su profesor controlará el tiempo. Encuentren las respuestas y escríbanlas en el pizarrón. ¡Rápido! ¡El tiempo corre!

   EQUIPO A
   a) Busquen tres tipos de empanadas.
   b) Encuentren cinco ingredientes.
   c) Localicen tres sabores.
   d) ¿De dónde son originarias las empanadas?
   e) ¿A qué lugar de Latinoamérica llega por primera vez la empanada?

   EQUIPO B
   a) ¿A qué lugar de Latinoamérica llega por primera vez la empanada?
   b) ¿De dónde son originarias las empanadas?
   c) Localicen tres sabores.
   d) Encuentren cinco ingredientes.
   e) Busquen tres tipos de empanadas.

   2.3. ¿Por qué se llaman "potosinas" las primeras empanadas y después "salteñas"? ¿Qué comidas son típicas en las fiestas de tu país?

3. Ya conocen las empanadas de Latinoamérica. ¿Y las de España? Van a escuchar a un famoso cocinero español hablar sobre diferentes tipos de empanadas españolas. Completen la información que falta en los cuadros.

¿De dónde es?	¿Cómo se llama?	El relleno tiene...
CASTILLA Y LEÓN		
GALICIA	Empanada	Chorizo, jamón con tocino, huevos cocidos, pimientos y carne de cerdo.
ASTURIAS		
	Empanada	Lomo, jamón york, jamón serrano, cebollas, pimientos, ajo y vino blanco.
CATALUÑA		
	Pastissets	Boniato.
ISLAS BALEARES	Cocarrois	

4. Creen su propia empanada. Elijan la forma y los ingredientes que va a llevar entre los que aparecen en los recuadros. También pueden utilizar otros de su gusto.

Chorizo
Panceta
Lomo de cerdo
Carne de ternera
Jamón

Huevo cocido
Pimientos
Cebollas
Ajo
Vino blanco
Piñones
Pasas

Pulpo
Atún
Camarones
Huachinango

4.1. Voten la más original y la menos original entre todas.

5. ¿Hay alguna comida similar en tu país? Descríbela.

Unidad 7

Contenidos funcionales
- Descripción de una acción que se está realizando: hablar de la duración de una acción
- Expresar continuidad de acciones

Contenidos gramaticales
- *Estar* + gerundio
- *Seguir* + gerundio
- *Estar* + adjetivo referido al tiempo atmosférico
- *Ser* + adjetivo referido al tiempo atmosférico
- Verbos de tiempo atmosférico: *llover, nevar,* etc.
- *Hace* + *muy/mucho* + adjetivo/sustantivo
- Uso de la preposición *en*
- *Muy/mucho*

Contenidos léxicos
- El tiempo atmosférico
- En la costa/en el interior/en la montaña
- Los puntos cardinales
- Estaciones del año

Contenidos culturales
- El clima en México y en otros lugares de Latinoamérica

Nos conocemos
- Paisajes latinos

1 ¿Qué **tiempo** hace?

1.1. Relaciona cada imagen con expresiones de los recuadros.

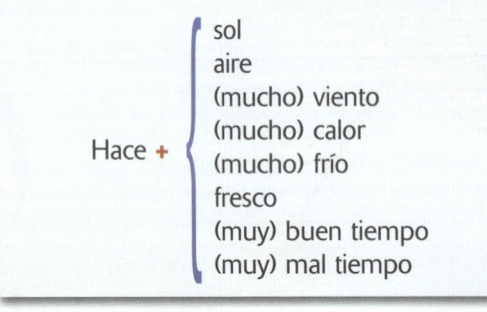

Hace +
- sol
- aire
- (mucho) viento
- (mucho) calor
- (mucho) frío
- fresco
- (muy) buen tiempo
- (muy) mal tiempo

- Llueve
- Nieva
- Hay + lluvia
- Está + nublado
- Es +
  - templado
  - caluroso
  - lluvioso

1.2. Contesta este cuestionario y luego escucha la audición para comprobar tus respuestas. [40]

1 En Monterrey en verano hace...
- a. siempre mucho frío.
- b. mal tiempo.
- c. calor.
- d. viento.

2 En Santiago de Chile en estos meses está...
- a. haciendo calor.
- b. haciendo frío.
- c. haciendo viento.
- d. está nevando.

3 En verano la gente en las playas...
- a. está tomando el sol.
- b. está escribiendo.
- c. está haciendo la comida.
- d. está trabajando mucho.

4 En Usulután, El Salvador, todo el año...
- a. hace frío.
- b. hace calor.
- c. durante el día hace calor.
- d. nieva.

1.2.1. Lee el texto del diálogo y complétalo con las frases del recuadro.

1. En Santiago de Chile en este tiempo está haciendo frío, porque es invierno.
2. ¿Por qué? ¿Qué tiempo está haciendo ahorita en tu país?
3. En México depende. En el norte el clima es extremoso, hace mucho calor o mucho frío; en el sur es caluroso y lluvioso.
4. En mayo y junio es normal.

Chileno: ¡Uf! ¡Qué calor hace en Monterrey!
Mexicano: ....
¿Cómo es el clima en tu país?
Chileno: ....
Salvadoreño: ¡Qué diferencia con mi país!
Mexicano: ....
Salvadoreño: En Usulután todo el año hace calor.
Mexicano: ....

1.2.2. Escucha de nuevo y comprueba tus respuestas.
[40]

1.3. ¿Verdadero o falso? Justifica tu respuesta.

	Verdadero	Falso
1. En Monterrey hace mucho frío en el verano.	☐	☐
2. En la Sierra de Chihuahua (México) hace calor.	☐	☐
3. En Monterrey llueve en el verano.	☐	☐
4. En Santiago ahorita está haciendo muchísimo frío.	☐	☐
5. En El Salvador la gente sigue tomando el sol.	☐	☐

1.3.1. Rellena los espacios en blanco con un ejemplo. Puedes encontrarlos en las frases del ejercicio 1.3.

◆ Acción en desarrollo

***Estar* + gerundio** (acción que se produce en el momento en que se habla)

[_____] (mucho/muchísimo/bastante/un poco).

***Seguir* + gerundio** (continuación de una acción que viene del pasado)

[_____] (mucho/muchísimo/bastante/un poco de) [____].

Llover   Nevar

Presente: **llueve**   Presente: **nieva**

▶ ¡Cómo **llueve/nieva**!
▷ Sí, es increíble.

ⓘ Para hablar del tiempo

▶ ¡Qué frío/calor (hace)!
▷ Sí, hace un frío/calor/día horrible.
▷ Sí, hace mucho/muchísimo frío/calor.
▷ Sí, aquí siempre hace mucho/muchísimo frío/calor en esta época.

▶ ¿Tiene/tienes frío/calor?
▷ ¡Qué frío/calor tengo!
▷ Ah, pues yo, no.

▶ ¿Qué día/tiempo hace allá?
▷ Hace un día muy/bastante bueno/malo.
▷ Hace buen/mal tiempo.
▷ Hace mucho/muchísimo/bastante frío/calor.
▷ No hace nada de frío/calor.
▷ Estamos a X grados bajo cero.

1.4. Completa según la información del diálogo.

1. ¿Qué tiempo está .... en tu país?
   ☐ a. comiendo
   ☐ b. hace
   ☐ c. haciendo
   ☐ d. nevando

2. En Santiago de Chile está .... frío.
   ☐ a. siendo
   ☐ b. nevando
   ☐ c. hace
   ☐ d. haciendo

3. En Usulután .... calor todo el año.
   ☐ a. llueve
   ☐ b. hace
   ☐ c. nieva
   ☐ d. es muy frío

4. En las playas la gente está .... el sol.
   ☐ a. comiendo
   ☐ b. tomando
   ☐ c. tomar
   ☐ d. siguiendo

NIVEL A1. **COMIENZA**

2 Estaciones del año

2.1. Escucha y relaciona los sonidos con una estación. Justifica tu respuesta. [41]

2.2. Estos son los doce meses del año. Completen con las vocales que faltan. [42]

LOS MESES DEL AÑO

- ☐ n ☐ r o
- f ☐ b r ☐ r ☐
- m ☐ r z ☐
- ☐ b r ☐ l
- m ☐ y ☐
- j ☐ n ☐ ☐
- j ☐ l ☐ ☐
- ☐ g ☐ s t o
- s ☐ p t ☐ ☐ m b r ☐
- o c t ☐ b r ☐
- n o v ☐ ☐ m b r e
- d ☐ c ☐ m b r e

2.3. Aprende este refrán.

> Treinta días trae noviembre,
> con abril, junio y septiembre.

3 Repetimos

> Usamos **muy** delante de adjetivo:
> *El sur es **muy** cálido.*
> Usamos **mucho, mucha, muchos, muchas** delante de nombres:
> *Hace **mucho** frío. Hay **muchas** nubes en el cielo.*
> Usamos **mucho** después del verbo:
> *Llueve **mucho**.*

3.1. Forma frases uniendo los elementos de las cajas.

- El clima en Mazatlán
- En invierno las noches
- En el oeste el tiempo
- En las regiones elevadas
- Hoy
- En otoño
- El sureste
- En la Sierra de Chihuahua no

llueve	• **muy**	• bueno
hace	• **mucho**	• húmedo
son	• ø	• frío
es		• mal tiempo
nieva		• malo
		• frías
		• calor
		• ø

3.2. Piensa en las distintas estaciones del año en tu país. Ahora, agrupa los meses según las estaciones del año y escribe frases como la del ejemplo.

Ejemplo: *En mi país, en enero estamos en invierno.*

102 [ciento dos]   UNIDAD **7** PRISMA LATINOAMERICANO

3.3. Mira los dibujos y hagan frases siguiendo el modelo.

Está hablando por teléfono.

*Dos horas **más tarde**, sigue hablando* por teléfono.

3.3.1. Ahora, escribe dos frases más. Después, represéntalas mímicamente ante tu grupo. Tus compañeros tienen que adivinar qué escribiste.

NIVEL A1. **COMIENZA** [ciento tres] 103

3.4. Interpreten los jeroglíficos.

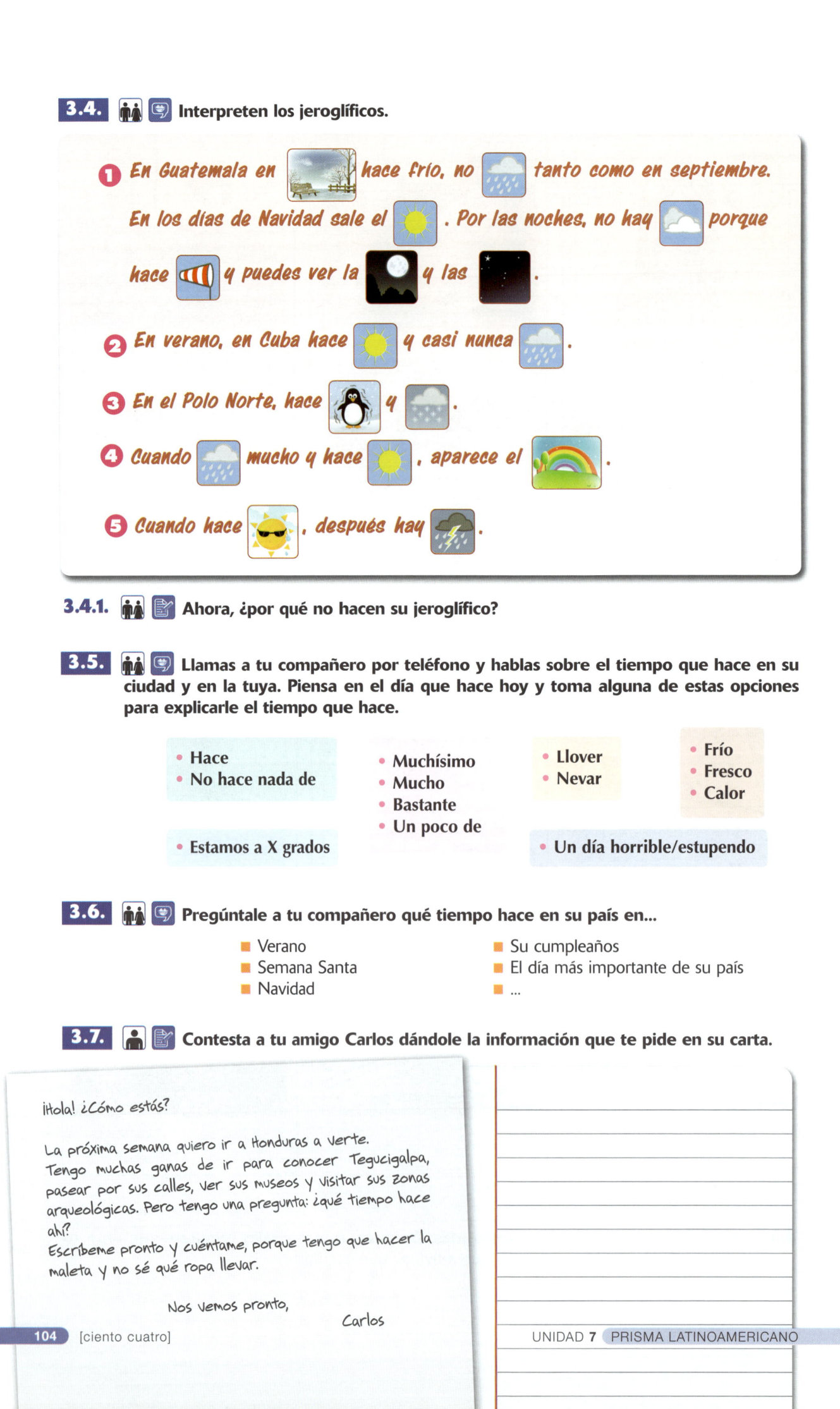

① En Guatemala en [invierno] hace frío, no [llueve] tanto como en septiembre. En los días de Navidad sale el [sol]. Por las noches, no hay [nubes] porque hace [viento] y puedes ver la [luna] y las [estrellas].

② En verano, en Cuba hace [sol] y casi nunca [llueve].

③ En el Polo Norte, hace [frío] y [nieva].

④ Cuando [llueve] mucho y hace [sol], aparece el [arcoíris].

⑤ Cuando hace [calor], después hay [tormenta].

3.4.1. Ahora, ¿por qué no hacen su jeroglífico?

3.5. Llamas a tu compañero por teléfono y hablas sobre el tiempo que hace en su ciudad y en la tuya. Piensa en el día que hace hoy y toma alguna de estas opciones para explicarle el tiempo que hace.

- Hace
- No hace nada de

- Muchísimo
- Mucho
- Bastante
- Un poco de

- Llover
- Nevar

- Frío
- Fresco
- Calor

- Estamos a X grados

- Un día horrible/estupendo

3.6. Pregúntale a tu compañero qué tiempo hace en su país en...

- Verano
- Semana Santa
- Navidad
- Su cumpleaños
- El día más importante de su país
- ...

3.7. Contesta a tu amigo Carlos dándole la información que te pide en su carta.

¡Hola! ¿Cómo estás?

La próxima semana quiero ir a Honduras a verte. Tengo muchas ganas de ir para conocer Tegucigalpa, pasear por sus calles, ver sus museos y visitar sus zonas arqueológicas. Pero tengo una pregunta: ¿qué tiempo hace ahí?
Escríbeme pronto y cuéntame, porque tengo que hacer la maleta y no sé qué ropa llevar.

Nos vemos pronto,

Carlos

3.8. Escribe una pequeña redacción sobre el mes y la estación del año que prefieres y explica el porqué.

3.9. Mira las imágenes. Escoge una y descríbela utilizando los siguientes verbos, sustantivos y adjetivos. Tus compañeros tienen que decir de qué imagen estás hablando.

Verbos
- nieva
- llueve
- hace (frío/calor/sol/viento...)
- hay (nieve/niebla/tormenta...)
- es/está (caluroso/tranquilo...)

Adjetivos
- frío
- caluroso
- templado
- tranquilo
- suave
- húmedo
- seco
- nublado
- despejado
- lluvioso
- fresco
- soleado
- extremoso

- **España:** *extremo*

Sustantivos
- la nieve
- la lluvia
- el calor
- el frío
- la niebla
- el mar
- la temperatura
- el cielo
- la tierra

3.10. Escucha la siguiente audición y completa el cuadro.
[43]

1. En Nuevo León _____.
2. En el sur _____.
3. Las temperaturas rondan los _____ grados.
4. La costa del Pacífico _____ temperaturas muy agradables.
5. En la península de Yucatán el cielo _____ despejado.
6. En el centro del país tenemos un _____ inestable.
7. En el centro la temperatura es de _____ grados durante el día y _____ grados durante la noche.

3.11. Escucha y reacciona.
[44]

NIVEL A1. **COMIENZA** [ciento cinco] **105**

3.12. Escucha las siguientes conversaciones y señala en el dibujo a qué estado de la República Mexicana corresponden y qué tiempo hace allá.

[45]

| A | B | C | D | E |

Autoevaluación

Antes de escribir una redacción, es bueno hacer un resumen con los puntos más importantes. Así podemos estructurar el texto mejor. Fíjate:

Tema: El clima en la República Mexicana:
— Generalidades: *Está en América del Norte. Tiene una zona tropical y una templada.*
— Diferencias climáticas *entre norte del país, zona central del país, costas.*
— Estaciones:
  • Verano: *sol, mucho calor. Lluvia.*
  • Invierno: *frío, viento, no llueve demasiado, nieva en las zonas montañosas.*
  • Primavera: *buen tiempo. Flores, pájaros...*
  • Otoño: *precioso. Colores ocres.*

Ahora ya podemos escribir. Cada punto puede ser un párrafo.

Nos conocemos

PAISAJES LATINOS

1. ¡PREMIO! ¡Una agencia de viajes les regala una estancia en uno de estos destinos! ¿Saben cómo se llaman estos lugares? ¿Dónde creen que están?

1. .... 2. .... 3. ....

2. Escuchen los siguientes anuncios de viajes y comprueben los nombres de los lugares y países del ejercicio anterior.
[46]

| 1 Nombre: .... | 2 Nombre: .... | 3 Nombre: .... |
| País: .... | País: .... | País: .... |

3. Hagan tres grupos en la clase. Van a preparar un viaje a uno de estos lugares. Elijan dos de estos objetos y expliquen por qué los necesitan.

4. Lee estos textos y completa el cuadro.

El Llullaillaco es un volcán ubicado en la Cordillera de los Andes, en la frontera de Argentina y Chile. Con una altitud de 6739 m sobre el nivel del mar, es la sexta montaña más alta de América y es considerado el cuarto volcán más elevado del planeta. En los meses de invierno (junio-agosto) la temperatura puede llegar a -30 °C.

El Salto del Ángel es la cascada más alta del mundo, con una altura de 980 m. Está en Venezuela. Está declarado Patrimonio de la Humanidad por la Unesco desde 1994. El Salto no puede ser visto los días nublados.

NIVEL A1. COMIENZA [ciento siete] 107

El lago Titicaca es el segundo lago más grande de América del Sur y el lago navegable más alto del mundo. Tiene una extensión de 8 372 km^2 y está ubicado en el altiplano peruano-boliviano. En el verano austral (diciembre a marzo) son frecuentes las tormentas sobre el lago.

La península Valdés es un accidente costero, sobre el mar argentino, declarado Patrimonio de la Humanidad en 1999. Tiene una superficie de 349 862 ha y es una Reserva Natural Turística conocida en todo el mundo por la visita de la ballena franca austral a sus costas. En invierno, el clima es frío, predominantemente por debajo de los 5 °C. En verano, es un lugar muy caluroso.

El archipiélago de San Andrés, Providencia y Santa Catalina está en Colombia, localizado en el caribe suroccidental y tiene una extensión total de 350 000 km^2. Este paraíso es el único de Colombia que está compuesto por islas, cayos e islotes sobre una plataforma volcánica. En 2001 la Unesco declara al archipiélago "Reserva de Biósfera de Flora Marina".

Accidente geográfico	Su nombre	¿Dónde está?	Altura Extensión	Su importancia en el mundo	Clima

5. Van a preparar un anuncio para una página web sobre uno de estos lugares. Busquen información en Internet y escriban un texto que describa el lugar. Después presenten al resto de la clase el anuncio.

6. ¿Cuál es el accidente geográfico más representativo de sus países? Preparen una exposición para contárselo a sus compañeros.

Unidad 8

Contenidos funcionales
- Expresar/preguntar por la cantidad
- Hablar de la existencia, o no, de algo o de alguien
- Expresar duda, indecisión o ignorancia
- Preguntar por un producto y su precio

Contenidos gramaticales
- Presentes irregulares
- Pronombres de objeto directo
- Pronombres y adjetivos indefinidos
- Pronombres y adjetivos demostrativos
- Pronombres interrogativos
- Números cardinales del 101 al millón
- Preposición *para*

Contenidos léxicos
- Las tiendas
- La lista para el supermercado
- Relaciones sociales en algunos países latinos

Contenidos culturales
- Gastronomía latina
- Algunas costumbres de los latinoamericanos

Nos conocemos
- De compras por Latinoamérica

1 De **tiendas**

1.1. Escucha y lee los siguientes diálogos e identifica dónde están. Justifica tu respuesta.
[47]

1.
▷ ¡Buenos días! ¿Puedo ayudarle en algo?
▶ Sí, estoy buscando una camisa.
▷ ¿Algún color en especial?
▶ Sí, blanca, por favor.
▷ ¿Qué talla necesita?
▶ Este..., no me acuerdo. No estoy segura, pero creo que la 32.
▷ Tenemos estos modelos. ¿Le gusta alguno?
▶ Sí, esa. **¿Cuánto cuesta?**
▷ 250 pesos.
▶ ¿Puedo probármela?
▷ Sí, por supuesto. Los probadores están al fondo a la derecha.(...) ¿Qué tal le queda?
▶ Pues, no sé... No estoy muy segura... Me queda un poco justa y el cuello no me gusta... Creo que voy a pensarlo.

2.
▷ ¡Hola!
▶ ¡Hola, buenas tardes!
▷ ¡Buenas tardes! ¿Me puede dar una tarjeta de teléfono?
▶ Sí, un momento, por favor... acá tiene. ¿Algo más?
▷ Sí. **¿Qué precio tienen** esos encendedores de ahí?
▶ Aquellos cuestan 30 pesos y estos de acá son más baratos: 15 pesos.
▷ Entonces, deme uno de 15 pesos.
▶ ¿De qué color lo prefiere?
▷ Pues... rojo, por favor.
▶ Acá tiene. ¿Desea algo más?
▷ No, nada más, gracias.
▶ **Son 45 pesos.**

3.
▷ Disculpe, ¿hay alguien antes de mí?
▶ No, no hay nadie. Es su turno. ¿Qué le damos?
▷ ¿Qué tal está el huachinango? ¿Fresco?
▶ ¡Sí, cómo no! Mire, está muy fresco.
▷ **¿A cómo está?**
▶ A 120 pesos el kilo.
▷ Muy bien, me llevo dos kilos, por favor.
▶ ¿Algo más?
▷ No, gracias, muy amable.

4.
▷ Disculpe, señorita, ¿me puede atender, por favor?
▶ Sí, dígame, ¿qué necesita?
▷ Mire, necesito un cepillo de dientes. ¿Me puede enseñar algún cepillo eléctrico, por favor?
▶ Pues en este momento no me queda ninguno, lo siento. ¿Alguna otra cosa?
▷ No, nada más, gracias. Hasta luego.
▶ Gracias a usted, hasta luego.

En una farmacia **a.** ■

En un mercado **b.** ■

En una tienda de abarrotes **c.** ■

En una tienda de ropa **d.** ■

110 [ciento diez]   UNIDAD **8**   PRISMA LATINOAMERICANO

1.1.1. **Completa este cuadro con la información de los diálogos anteriores.**

	¿Dónde están?	¿Qué compran?	¿Cuánto cuesta?
1.			
2.			
3.			
4.			

1.1.2. **¿Verdadero o falso? Explica tu respuesta.**

	Verdadero	Falso
1. La camisa cuesta menos que el huachinango.	☐	☐
2. No hay ningún encendedor en la tienda de abarrotes.	☐	☐
3. La clienta de la farmacia quiere un cepillo de dientes eléctrico, pero no puede ver ninguno porque no hay.	☐	☐
4. La clienta de la tienda de ropa quiere una camisa blanca.	☐	☐
5. La señora que quiere una camisa blanca está indecisa. No sabe si comprarla o no.	☐	☐
6. El huachinango está a 120 pesos y no está muy fresco.	☐	☐
7. El cliente no compra el encendedor.	☐	☐
8. No hay ningún probador en la tienda de ropa.	☐	☐

1.1.3. **Contesten a estas preguntas.**

a. **¿Cuánto vale** la camisa?
....
b. ¿Qué quiere la señora que va a la farmacia?
....
c. ¿De qué color quiere el cliente el encendedor?
....
d. ¿Hay alguien esperando antes de la clienta en la pescadería?
....
e. ¿Qué talla necesita la clienta que compra la camisa?
....
f. ¿Cuántos cepillos le quedan a la dependienta de la farmacia?
....
g. **¿Cuánto cuestan** los encendedores en la tienda de abarrotes?
....

NIVEL A1. **COMIENZA**

1.2. Completa el siguiente cuadro buscando en los ejercicios anteriores los ejemplos. Para ayudarte, hemos puesto las expresiones en negrita.

Para preguntar por el precio de algo/expresar la cantidad

- **Para preguntar por el precio de algo:**
  - ¿.................................?
  - ¿.................................?
  - ¿.................................?
  - ¿.................................?

  - ¿Cuánto es?
  - ¿Cuánto cuesta/n...?
  - ¿Cuánto le/te debo/vale?
  - ¿Puede/s decirme cuánto le/te debo/vale?

- **Para contestar:**
  - El huachinango está a 120 pesos el kilo.
  - Las peras están a 20 pesos el kilo.
  - La camisa cuesta/vale 250 pesos.
  - Las camisas cuestan/valen 250 pesos cada una.
  - 250 pesos.
  - ....

Hablar de la existencia o no de algo o de alguien

- **No** se ve **nada**.
- Allá hay **alguien**. 
- Acá hay **algo**. 
- ¿Qué es?

- Para preguntar y hablar de la existencia o ausencia de una **cosa** o **información** sin especificar:
  - ¿Sabes **algo de** física nuclear?
  - Hay **algo** acá que no me gusta.
  - **No** hay **nada** que me disguste.

- Para preguntar y hablar de la existencia o ausencia de una **persona**:
  - ¿Conoces a **alguien** en esta ciudad?
  - **Alguien** pregunta por tu hermano.
  - Acá **no** hay **nadie**.

- Para preguntar y hablar de la existencia o inexistencia de **personas** o **cosas**:
  - ¿Conoces a **algún** buen nutriólogo?
  - Pues, en mi hospital médico, hay **algunos** realmente buenos.
  - **No** tengo **ningún** libro sobre este tema.

PRONOMBRES, ADJETIVOS Y ADVERBIOS NEGATIVOS

Si el negativo (pronombre, adjetivo o adverbio) va después del verbo, hay que poner un negativo antes del verbo. El adverbio de negación "no" desaparece si la frase comienza por pronombre, adjetivo o adverbio negativo.

Ejemplos: Hoy **no** puede venir **nadie** a mi fiesta. → Hoy **nadie** puede venir a mi fiesta.
No dices **nada** correcto. → **Nada** de lo que dices es correcto.
No está **nunca** en casa. → **Nunca** está en casa.

Adjetivos y pronombres indefinidos

Para hablar de la existencia o no de algo o alguien:

	Adjetivos indefinidos		Pronombres indefinidos	
	afirmativo	negativo	afirmativo	negativo
singular	algún / alguna	ningún / ninguna	alguno / alguna	ninguno / ninguna
plural	algunos / algunas	ningunos / ningunas	algunos / algunas	ningunos / ningunas
			algo (cosa)	nada (cosa)
			alguien (persona)	nadie (persona)
			algo de (parte de algo)	nada de (parte de algo)

1.3. Completa el diálogo con las siguientes palabras.

nada • algún • alguna (2) • algunos (2) • ninguno • algo

[En una farmacia]

▷ Buenos días. ¿Puedo ayudarle en ....?
▶ Sí, me gustaría ver .... cosa para regalar.
▷ ¿Para dama o para caballero?
▶ Para caballero. ¿Tiene .... perfume de oferta?
▷ Sí, por supuesto. Tenemos .... en ese pasillo de ahí.
▶ ¿Tiene un perfume que se llama "Madera"?
▷ No, no queda ...., pero hay .... muy parecidos.
▶ Bien, me llevo este.
▷ Muy bien. ¿................... cosa más?
▶ No, gracias. .... más. ¿Cuánto es?
▷ Son 368 pesos.

1.3.1. Escucha el diálogo y comprueba.
[48]

1.3.2. Imagina que estás en una tienda de ropa y complementos. Escribe con tu compañero un diálogo similar al del ejercicio 1.3. Después, preséntenlo ante la clase.

1.4. Escucha las siguientes conversaciones y completa los datos que faltan.
[49]

Diálogo 1

▷ ¿Puedo .... en algo?
▶ Sí, estoy buscando una camisa.
▷ ¿Cómo .... quiere?
▶ Blanca y de manga larga.

Diálogo 2

▷ ¿................... .... están estos jitomates* de acá?
▶ A 10 pesos el kilo.
▷ .... kilo y medio, por favor.
▶ ¿................... más?
▷ No, gracias. .... más.

• **Argentina:** *tomates*
• **España:** *tomates*

CONTINÚA

NIVEL A1. **COMIENZA**

Diálogo 3

▷ Disculpe, estoy buscando unos zapatos cómodos.
► ¿De qué color .... quiere?
▷ Negros.
► ¿Qué número calza?
▷ Del 5.
► Tenemos estos modelos. ¿Le gusta ....?
▷ Pues..., no, la verdad. No me gusta .... Lo siento.

Diálogo 4

▷ ¿Cuánto .... los CD?
► Están de oferta: estos valen 50 pesos cada uno.
▷ Está bien, me .... llevo.

Adjetivos y pronombres demostrativos

	masculino	femenino
singular	este/ese/aquel	esta/esa/aquella
plural	estos/esos/aquellos	estas/esas/aquellas

► ¿**Esos** plátanos son baratos?
▷ **Estos** de acá sí, pero **aquellos** de allá son más caros.

► ¿Quiere un kilito de **esas** naranjas?
▷ Sí, deme naranjas, pero no de **estas** de acá, deme de **aquellas** de allá.

Pronombres demostrativos neutros

Esto ¿Qué es **esto**? Una computadora.
Eso ¿Qué es **eso**? Un abrigo.
Aquello ¿Qué es **aquello**? Un avión.

1.5. Tenemos tres listas de objetos situados en diferentes puntos. Tú estás en el círculo. ¿Qué demostrativo puedes utilizar para señalar cada objeto?

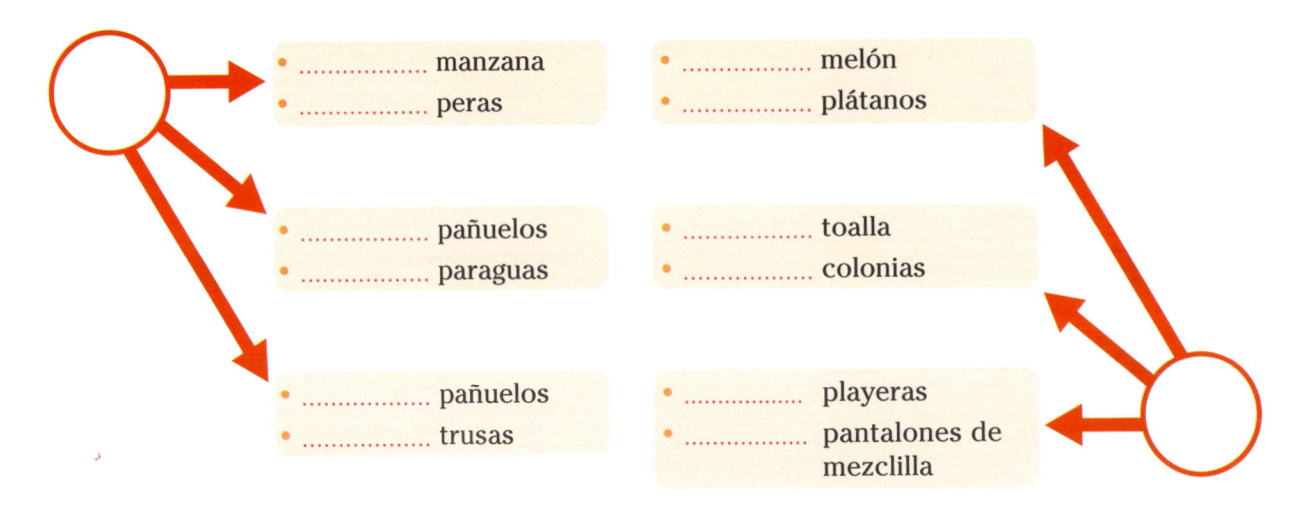

- .... manzana
- .... peras

- .... melón
- .... plátanos

- .... pañuelos
- .... paraguas

- .... toalla
- .... colonias

- .... pañuelos
- .... trusas

- .... playeras
- .... pantalones de mezclilla

114 [ciento catorce]   UNIDAD **8** PRISMA LATINOAMERICANO

1.6. Elige tres cosas, mejor si no sabes cómo se llaman en español. Ahora escucha las instrucciones de tu profesor.

Ejemplo: *¿Qué es aquello? Una estrella.*

1.7. Relaciona.

1 Los plátanos	a **La** compro.
2 Las peras	b No **los** compro.
3 El melón	c **Las** quiero de agua.
4 La sandía	d No **lo** quiero tan grande.

Pronombres de objeto directo

	1.ª persona	2.ª persona	3.ª persona femenino	3.ª persona masculino
(singular)	me	te	la	lo (le)
(plural)	nos	los	las	los

▶ ¿Vas a hacer la comida?
▷ Sí, **la** hago ahorita.

▶ ¿Ya tienen el carro?
▷ No, pero **lo** arreglan hoy mismo.

▶ ¿Quién tiene las calificaciones?
▷ **Las** tengo yo.

▶ ¿Ves a los niños desde acá?
▷ Pues no, la verdad es que no **los** veo.

1.8. [50] Escucha las siguientes conversaciones y señala de qué están hablando.

Diálogo 1:
○ Un proyector
○ Una cámara de video

Diálogo 2:
○ Un cepillo de dientes
○ Una colonia

Diálogo 3:
○ Unas revistas
○ Unos periódicos
○ Unos libros

Diálogo 4:
○ Unas papas
○ Unas plantas
○ Unos jitomates

La fiesta de cumpleaños 2

2.1. Quieres hacer una fiesta sorpresa para un amigo que cumple años y vas a cocinar el plato típico de tu país. Prepara la lista para ir al supermercado. Clasifica las fotografías de los alimentos que tiene el profesor. ¿A qué sección debes ir a buscar cada cosa (frutería, carnicería, pescadería, panadería, pastelería, salchichonería...)?

Ejemplo: *El pan **lo** compramos en la panadería.*

NIVEL A1. COMIENZA [ciento quince] 115

2.2. Tu amigo mexicano decide hacer guacamole para llevar a la fiesta y busca en su libro de cocina; esta es la receta.

guacamole

¿Qué ingredientes lleva?
- 1 kilo de aguacates.
- 1 cebolla grande picada finamente.
- 3 jitomates cortados en cuadritos.
- 1 cucharada de hojas de cilantro lavadas y picadas.
- Un poco de jugo• de limón.
- 3 chiles serranos, picados finamente.
- Sal al gusto.

¿Cómo se prepara?
El guacamole es un plato típico de México. ¡Es muy fácil de preparar! Primero cortas en mitades los aguacates. Con una cuchara sacas la pulpa y la pones en un recipiente. Luego con un tenedor la haces puré. Enseguida añades la cebolla, el jitomate, el cilantro, el chile, el limón y la sal; mezclas todo muy bien, y finalmente agregas los huesos de aguacate para evitar que se ponga oscuro (no se oxida). Lo puedes acompañar con tostadas, totopos, galletas saladas, tortillas o como guarnición. ¡Buen provecho!

• **España:** *zumo*

2.2.1. Subraya los verbos. ¿Sabes qué significan? ¿Conoces otros verbos relacionados con la cocina?

2.2.2. En una cocina hay muchas cosas. Ayúdanos a saber qué son y para qué sirven. Por supuesto, usa el diccionario.

- Usamos la preposición **para** + **infinitivo** cuando queremos marcar la finalidad o el objetivo de algo.
   *La cuchara es **para** comer sopa.*
- Usamos **para qué**, si preguntamos por la finalidad u objetivo de algo.
   *¿**Para qué** lo quieres?*
- **Para** + **nombre** o **pronombre** indica el destinatario o beneficiario de algo.
   *Estas flores son **para** ti.*
   *Este dinero es **para** Javier.*

Ejemplo: *Es un **delantal**, **para** no ensuciarte la ropa cuando cocinas.*

1. ....
2. ....
3. ....
4. ....
5. ....
6. ....
7. ....
8. ....
9. ....
10. ....

2.2.3. Ahora, escribe tu receta.

Con dinero en la mano no se olvidan los mandados 3

3.1. Escucha los siguientes números y completa los que faltan.
[51]

Los números (2)

100	1000 ....
101 .... uno	2015 .... quince
200	6000 .... mil
212 .... doce	15 000 .... mil
400	17 765 .... mil ....
435 .... y	.... y ....
500	20 000 .... mil
546 .... cuarenta	100 000 .... mil
600	505 677 ....
607 seiscientos	.... y ....
700	1 000 000 ....
777 .... y siete	5 340 999 ....
900	.... y ....

3.2. Pregunta a tu compañero cuánto cuestan las cosas de tu cartón.

alumno a

- .... (teléfono)
- 12000 pesos (ordenador)
- 25 pesos (tijeras)
- 15 pesos (mechero)
- .... (libreta)
- .... (sobre)
- 1000 pesos (zapatos)
- 120 pesos (flores)
- .... (cama)
- 4000 pesos (sofá)
- 150 pesos (CD)
- .... (cámara)
- .... (reloj)
- .... (lápiz)
- 1200 pesos (móvil)
- .... (gafas)
- 3 pesos (pimiento)
- .... (moto)
- .... (pala)
- 70000 pesos (coche)

NIVEL A1. **COMIENZA** [ciento diecisiete] 117

alumno b

400 pesos				130 pesos
2 pesos			2000 pesos	
	3000 pesos	500 pesos	5 pesos	
1500 pesos		11000 pesos	450 pesos	

3.3. Con 700 pesos, ¿qué artículos pueden comprar?

3.4. Algunas cosas cambian en algunos países. Contesta al siguiente cuestionario.

En algunos países latinos, normalmente...	En mi país...		
	Igual	Parecido	Diferente
• Las tiendas abren de diez de la mañana a nueve de la noche.	☐	☐	☐
• "Mediodía" se refiere a la hora de almorzar (12-15 h).	☐	☐	☐
• No está bien preguntar cuánto gana la gente.	☐	☐	☐
• Si vamos a visitar a alguien, le llevamos un detalle.	☐	☐	☐
• Cuando un grupo de amigos toma algo en un bar, se divide la cuenta entre todos.	☐	☐	☐
• Decimos "Buenas tardes" hasta que llega la noche, independientemente de la hora.	☐	☐	☐

3.4.1. Ahora cuenta al resto de la clase cómo son las cosas en tu país.

Autoevaluación

Piensa y escribe:
- Lo más interesante de la unidad
- Lo más confuso
- El ejercicio más productivo
- El ejercicio más aburrido

Escribe tres cosas que ya sabes de otras unidades.

Escribe tres cosas nuevas de esta unidad.

En el último ejercicio, vemos cómo se comportan los latinos en algunas ocasiones. Conocer las costumbres y los hábitos de los latinos te ayuda a entenderlos y aprender mejor.

Nos conocemos

DE COMPRAS POR LATINOAMÉRICA

1. Una estudiante europea empieza hoy un curso de español con ustedes. Describan el barrio donde viven, qué tiendas hay y dónde pueden comprar las cosas necesarias para el primer día. Preparen un plano para Alice.

2. Alice sale a comprar los productos de las fotos. ¿Dónde los va a comprar? Unan con una flecha los productos y las tiendas.

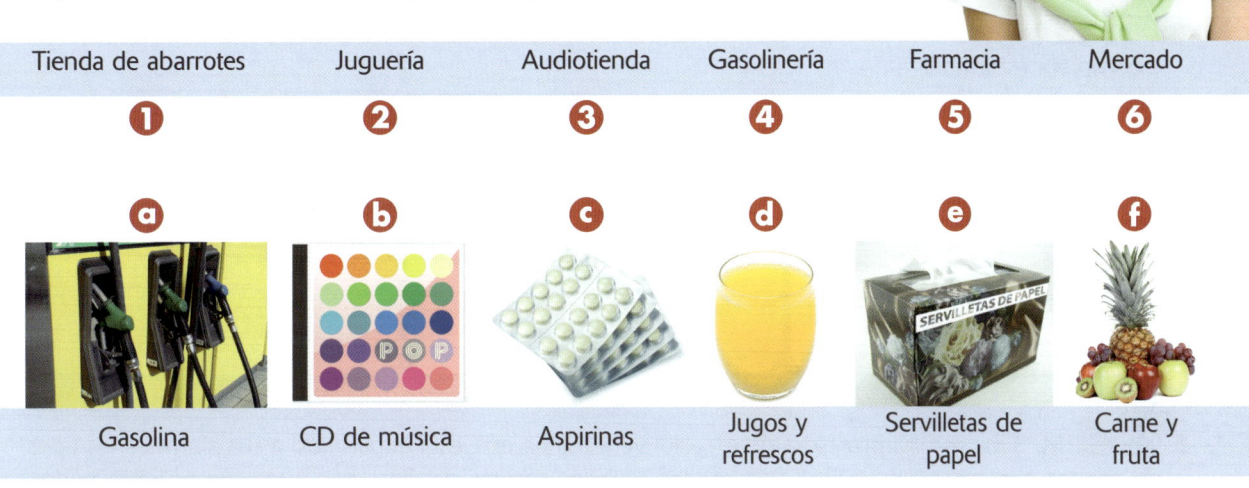

Tienda de abarrotes	Juguería	Audiotienda	Gasolinería	Farmacia	Mercado
❶	❷	❸	❹	❺	❻
ⓐ	ⓑ	ⓒ	ⓓ	ⓔ	ⓕ
Gasolina	CD de música	Aspirinas	Jugos y refrescos	Servilletas de papel	Carne y fruta

3. [52] Ahora vas a escuchar a Alice platicando con su amiga Elena por teléfono y contándole sus planes para salir de compras por la ciudad. Escucha y comprueba si tus respuestas del ejercicio anterior son correctas.

4. Alice y Jonathan, su compañero de clase de Estados Unidos, van a preparar sus compras de Navidad por Internet. Con la ayuda de las tablas, ayúdenlos a elegir modelos, tallas y números y completen el diálogo.

Alice: Mi hermana en Italia tiene la talla 36 de pantalones. ¿Sabes a qué talla corresponde acá en México?

Jonathan: Sí, es la talla (1)............ en mi país, y en México es la talla (2)............

Alice: Mi padre usa los zapatos del número 41.

Jonathan: Pues entonces, acá tienes que comprar un (3)............

Alice: Y, ¿tú qué vas a comprar para tu familia?

Jonathan: Creo que un vestido para mi hermana que tiene la talla 8/10 en los Estados Unidos y unos zapatos para mi madre que usa el número 6.5.

Alice: Pues, mira, acá en México la talla del vestido es la (4)............ y la de zapatos es la (5)............

Jonathan: Para mi padre... unos pantalones de la talla (6)............, en Estados Unidos usa la 40.

NIVEL A1. **COMIENZA**

[ciento diecinueve] 119

ROPA MUJER
Tallas

México	Estándar	USA	Europa
0	XS	0	30
3	XS	2	32
5	S	4/6	34/36
7	M	8/10	38/40
9	L	12/14	42/44
11	XL	16	46

ROPA HOMBRE
Tallas

México	Estándar	USA	Europa
7	S	28	38
7	S	30	40
9	M	32	42
9	M	34	44
11	L	36	46
13	L	38	48
15	XL	40	50

ZAPATOS
Tallas

México	USA	Europa
5.5	6.5	39
6	7.0	40
6.5	8.0	41
7	8.5	42
7.5	9.5	43
8	10	44

4.1. Pregunta a tus compañeros sus tallas de ropa y zapatos en sus países y en México. Después, completa esta tabla.

	Mi compañero	Nacionalidad	Talla de ropa En su país	Talla de ropa En México	Talla de zapatos En su país	Talla de zapatos En México
1						
2						
3						

5. M.ª Elisa es una profesora de español venezolana que está explicando a sus alumnos los tipos de tiendas que hay en su país. Completa los espacios con las palabras que aparecen en el recuadro. Puedes utilizar tu diccionario.

a) La .... es una tienda donde puedes encontrar de todo, generalmente objetos de poco valor y de metal.

b) En la .... además de perfumes, también venden productos de parafarmacia y productos de limpieza.

c) Los .... son tiendas donde venden recambios y accesorios para los carros.

d) En las .... compramos los pollos y otras aves de corral vivas.

e) Y los .... son lugares de compras y de ocio.

- autoperiquitos
- quincalla
- centros comerciales
- droguería
- polleras

6. ¿Dónde prefieren comprar: en una tienda pequeña de barrio o en un centro comercial? Separen la clase en dos grupos y defiendan las compras en grandes o en pequeñas tiendas. Preparen una lista de ventajas y otra de inconvenientes.

A CENTRO COMERCIAL
- ventajas
- inconvenientes

B TIENDA DE BARRIO
- ventajas
- inconvenientes

Unidad 9

Londres (Reino Unido), Sidney (Australia), Taj Mahal (India), Teotihuacan (México)

Contenidos funcionales
- Hacer planes y proyectos
- Hacer sugerencias
- Aceptar y rechazar una sugerencia
- Expresar obligación

Contenidos gramaticales
- *Ir a* + infinitivo
- *Pensar* + infinitivo
- *Preferir* + infinitivo
- *Querer* + infinitivo
- *Poder* + infinitivo
- *Hay que* + infinitivo
- *Tener que* + infinitivo
- *Deber* + infinitivo

Contenidos léxicos
- Actividades de ocio y tiempo libre
- Viajes

Contenidos culturales
- Cuernavaca
- Latinoamérica y los latinos

Nos conocemos
- Guía de viaje a Salamanca y Lima

1 Planes y proyectos

1.1. Lee este diálogo.

> **Juan:** Oye, ¿qué vas a hacer en la noche de fin de año?
> **María:** Pienso ir a una fiesta que van a organizar unos amigos míos, ¿y tú?
> **Juan:** Yo quiero ir al pueblo de mis papás, pero no sé si voy a poder, porque ellos prefieren quedarse acá.
> **María:** Mi familia va a pasar todas las fiestas decembrinas en su pueblo, pero yo voy a quedarme porque tengo que trabajar.
> **Juan:** ¿Pero el día 31 debes trabajar?
> **María:** Sí, hay que abrir la tienda hasta las dos. Mi jefe no puede estar porque tiene que ir a Morelia para pasar la noche con su familia.
> **Juan:** Bueno, ¿y tú y yo cuándo nos vamos a ver?
> **María:** Podemos quedar después de las fiestas. ¿Qué tal el día 10?
> **Juan:** Sale, pues entonces nos vemos ese día.

1.2. ¿Ya viste? En el texto aparecen varios verbos seguidos de infinitivo, por ejemplo: *vas a hacer*, pero hay más, búscalos y añádelos a la lista del cuadro.

ir a
....
....
....
....
....
....
....
....
+ infinitivo

1.3. Con estas construcciones expresamos diferentes cosas (deseos, intenciones...) y también nos permiten hablar de acciones en futuro. Vuelve a leer el texto y con la ayuda del profesor escribe en los globos todas las frases que expresen este tiempo verbal.

Juan expresa futuro cuando dice:

Y María...

Así es, con la perífrasis **IR A + INFINITIVO** podemos hablar de nuestros planes y proyectos, porque expresa un futuro próximo o inmediato; normalmente la acompañamos de las siguientes marcas temporales:

- hoy en la tarde
- hoy en la noche
- este fin de semana
- este verano
- la próxima semana
- el mes que viene
- mañana
- ...

> Hoy en la noche voy a ver a Pedro.
> Pasado mañana vamos a empezar el trabajo.
> ¿Vas a comprarte el carro este año?
> Sara no va a venir a trabajar hoy.

1.4. Haz estas preguntas a tu compañero.

- ¿Dónde vas a cenar hoy en la noche?
- ¿Qué vas a hacer durante el descanso?
- ¿Vas a ir a un bar hoy en la noche?
- ¿Qué vas a hacer hoy en la tarde?
- ¿Con quién vas a comer hoy?
- ¿Vas a leer luego el periódico?
- ¿Dónde vas a ir después de clase?
- ¿Vas a ver una película hoy en la tarde?
- ¿Qué vas a visitar el fin de semana?
- ¿Vas a llamar a tu familia hoy?

Para expresar la intención de hacer algo en el futuro podemos usar otra forma que has visto en el texto 1.1., se trata de **PENSAR + INFINITIVO**. Mira:

El día treinta y uno pienso ir a una fiesta.

Podemos decir **voy a ir a** una fiesta y, en realidad, expresamos lo mismo, pero ahora conoces una forma más para hablar de tus intenciones, planes y proyectos para el futuro.

1.5. Acá tienes unas hojas de la agenda de Juan. La información no está muy clara, así que primero pregunta a tu compañero lo que no entiendas.

alumno a

Viernes	Sábado	Domingo
• De 10:30 a 12:00, clase de inglés	• Limpieza en casa y la compra	• Tianguis y botana con Andrés
• A las 17:00, partido de futbol	• Comida con la familia	• A las 21:00, cena con Martha
• Cumpleaños de Pepe	• A las 22:30, teatro Pancho Villa y los niños de la bola	

alumno b

Viernes	Sábado	Domingo
• De 10:30 a 12:00, clase de inglés	• Limpieza en casa y la compra	• Tianguis y botana con Andrés
• A las 17:00, partido de futbol	• Comida con la familia	• A las 21:00, cena con Martha
• Cumpleaños de Pepe	• A las 22:30, teatro ("Pancho Villa y los niños de la bola")	

1.6. Y ahora, ¿por qué no redactas lo que va a hacer Juan el fin de semana que viene?

Juan, el viernes en la mañana, piensa...

NIVEL A1. COMIENZA [ciento veintitrés] **123**

2 La obligación. Sugerir y recomendar

Mira de nuevo la agenda de Juan. ¿Puede Juan cenar con Martha el viernes?
Para responder negativamente a **puede** + **infinitivo** justificando la respuesta usamos formas como: *no, es que… / no, no puede porque…* Mira:

No, es que el viernes tiene que ir a un cumpleaños.

Utilizamos la forma **TENER QUE + INFINITIVO** para expresar obligación o recomendar algo enfáticamente. Recuerda los ejemplos que aparecieron en el texto inicial:

Voy a quedarme porque tengo que trabajar.
Mi jefe no puede estar porque tiene que ir a Morelia.

2.1. Ahora, mirando la agenda de Juan, respondan a estas preguntas:

1. ¿Puede el sábado en la noche ir a un bar?
2. ¿Puede el domingo en la mañana jugar futbol?
3. ¿Puede el viernes en la mañana ir de compras?
4. ¿Puede el sábado en la noche visitar a sus papás?
5. ¿Puede el domingo en la mañana ir al Museo de Arte Moderno?

2.2. Siguiendo el modelo del ejercicio anterior, prepara junto a tu compañero un diálogo y luego preséntenlo al resto de la clase. Uno de ustedes es A y el otro B y quieren quedar la semana que viene para tomar un café juntos, pero es difícil porque sus agendas están muy llenas.

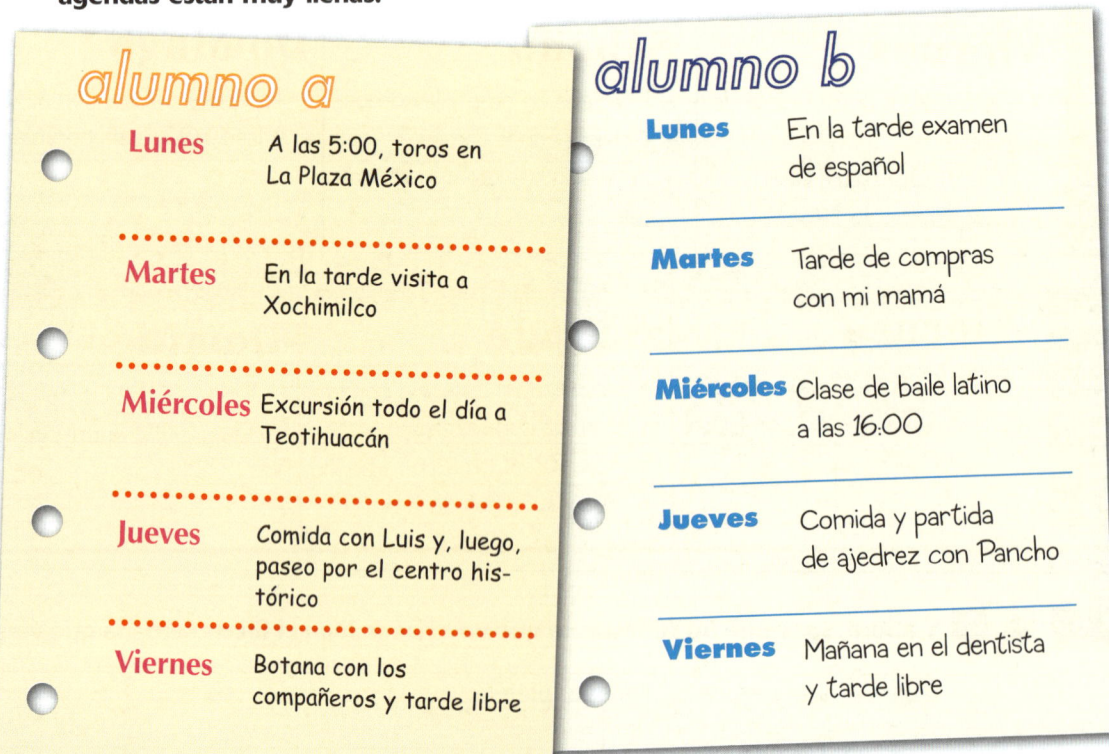

alumno a

Lunes	A las 5:00, toros en La Plaza México
Martes	En la tarde visita a Xochimilco
Miércoles	Excursión todo el día a Teotihuacán
Jueves	Comida con Luis y, luego, paseo por el centro histórico
Viernes	Botana con los compañeros y tarde libre

alumno b

Lunes	En la tarde examen de español
Martes	Tarde de compras con mi mamá
Miércoles	Clase de baile latino a las 16:00
Jueves	Comida y partida de ajedrez con Pancho
Viernes	Mañana en el dentista y tarde libre

2.2.1. Por cierto, ¿en qué ciudad están?

2.3. Pero además de TENER QUE + INFINITIVO usamos otras formas para expresar la obligación y hacer recomendaciones. Lee el siguiente texto y encuéntralas.

Conoce *Cuernavaca* y a los cuernavaquenses

Si quieres conocer bien a los cuernavaquenses, tienes que salir mucho, porque la gente de Cuernavaca pasa bastante tiempo en la calle.

Puedes desplazarte andando por el centro histórico o en el transporte público llamado *ruta*. Cuernavaca tiene muchos lugares por conocer. La ciudad se encuentra de fiesta todos los días, porque la mayoría de la población es joven.

Para conocer a los cuernavaquenses hay que conocer el centro histórico, debes comer una cecina con queso, crema y salsa picante, pasear por sus sitios históricos, comer una botana en algún bar o alguna terraza y hay que escuchar a las 7:00 de la tarde la banda de música en el Kiosco del Jardín.

Durante los fines de semana la alegría aumenta, puedes conocer gente de todas partes del mundo que visita la ciudad, debes ir a sus antros y bares que se encuentran en la Plazuela del Zacate, donde se tocan los éxitos más sonados del momento. Cuernavaca tiene un poco de todo para satisfacer el gusto de los noctámbulos.

2.3.1. Escriban las otras dos formas que aparecen en el texto para expresar obligación y hacer recomendaciones y dos ejemplos de cada una, tomados de los dos textos de la unidad.

- *Tener que* + infinitivo
    1. Voy a quedarme porque tengo que trabajar.
    2. Si quieres conocerlos, tienes que salir...

- ....
    1. ....
    2. ....

- ....
    1. ....
    2. ....

- **TENER QUE + INFINITIVO**

    Utilizamos esta estructura cuando queremos expresar una obligación inexcusable o recomendar algo enfáticamente.

    – *No puedo acompañarte, porque tengo que ir al médico.*
    – *Sale de casa a las siete, porque a las ocho tiene que tomar el tren.*

- **DEBER + INFINITIVO**

    Sentimos la obligación, pero no es inexcusable. Usamos esta estructura también para dar consejo.

    – *Debo estudiar, pero no tengo ganas.*
    – *Debes fumar menos.*

- **HAY QUE + INFINITIVO**

    Expresamos una obligación impersonal, generalizada.

    – *Para viajar allá hay que tener un visado.*
    – *Hay que apretar este botón para apagar la computadora.*

NIVEL A1. **COMIENZA**

2.4. Escriban, usando las tres estructuras de obligación, qué es necesario hacer para:

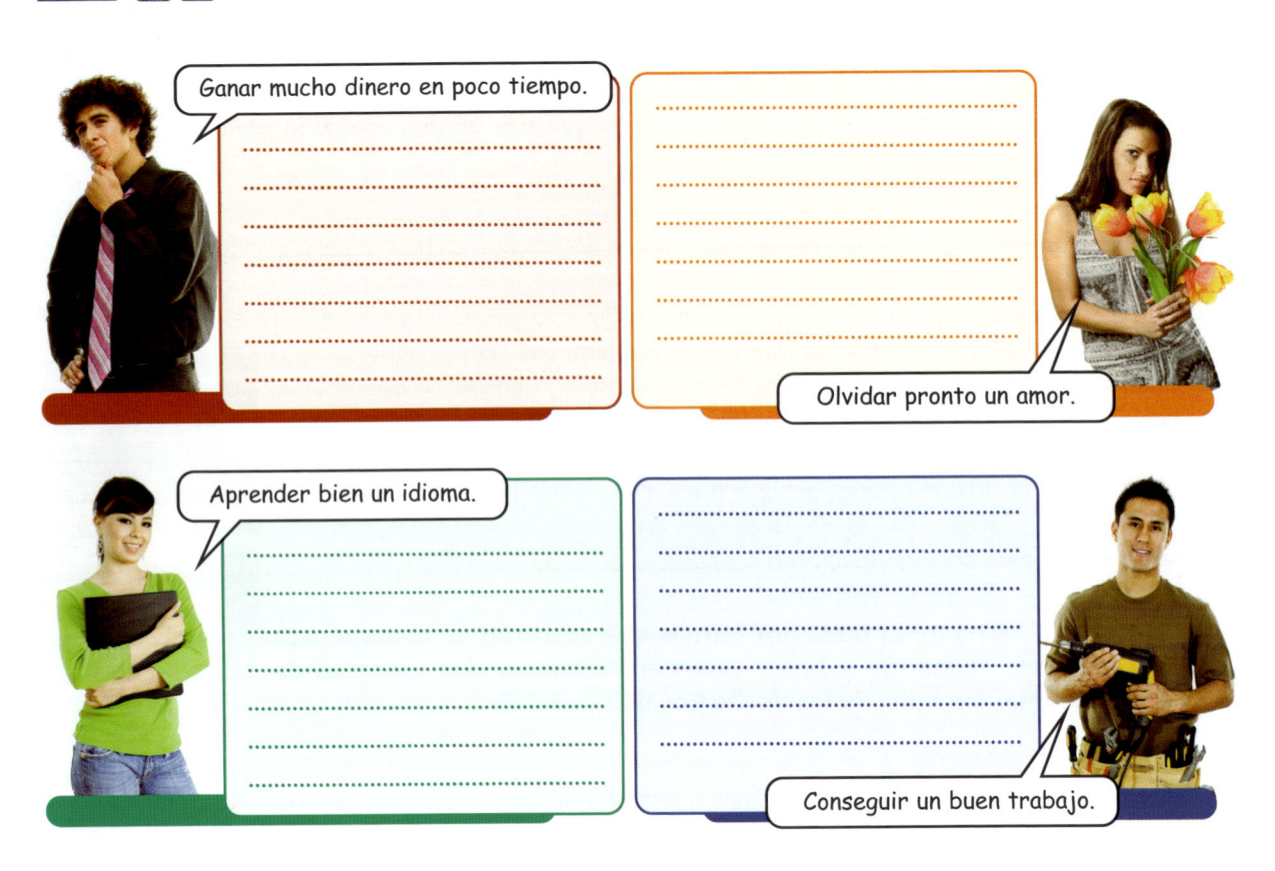

Ganar mucho dinero en poco tiempo.

Olvidar pronto un amor.

Aprender bien un idioma.

Conseguir un buen trabajo.

2.5. Escribe tus ideas y dinos qué cosas hay que hacer para conocer bien a la gente de tu ciudad.

3 ¿Qué hacemos?

3.1. Vas a escuchar un diálogo entre dos personas. Fíjate en dos cosas: ¿cuál es el tema de la conversación?, y ¿qué quiere hacer el muchacho?

[53]

El tema es...

El muchacho quiere...

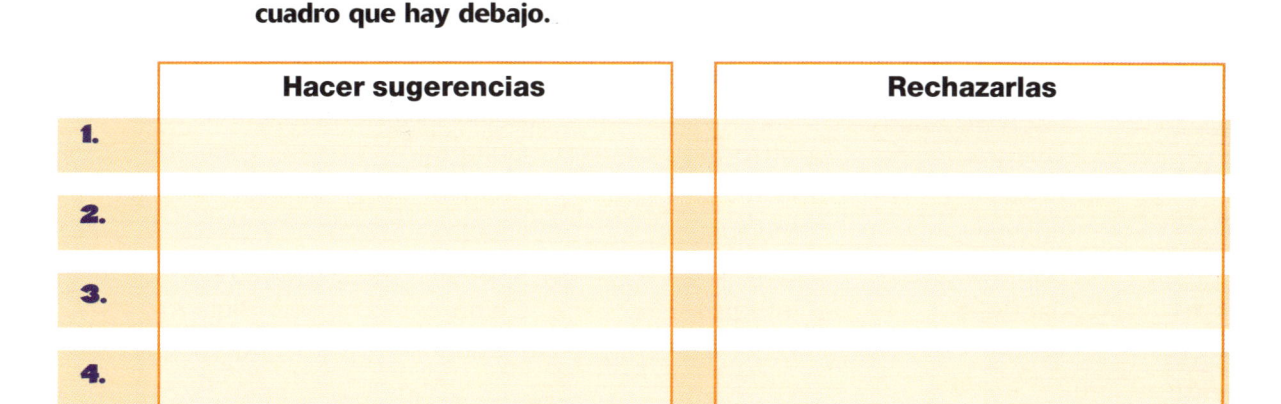

3.2. [53] Vuelve a escuchar el diálogo y fíjate en las expresiones que usan los interlocutores para hacer sugerencias y para rechazarlas. A continuación, completa el cuadro que hay debajo.

	Hacer sugerencias	Rechazarlas
1.		
2.		
3.		
4.		

3.3. Pero si queremos aceptar una sugerencia, ¿qué expresiones podemos usar? Con la ayuda del profesor, rellena los globos.

3.4. [53] Vas a escuchar el diálogo una tercera vez. Fíjate qué países o ciudades se mencionan y por qué se rechaza cada uno de ellos. Toma nota en la siguiente tabla.

	Lugares	Motivo del rechazo
1.		
2.		
3.		
4.		
5.		

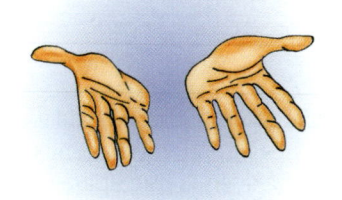

3.5. ¿Por qué no practicas junto a tu compañero todas estas expresiones? Pueden hacerse sugerencias y aceptarlas o rechazarlas según sus intereses. Usen cada una de las expresiones que ya conocen y pongan atención en la entonación.

¿Por qué no vamos a Costa Rica?

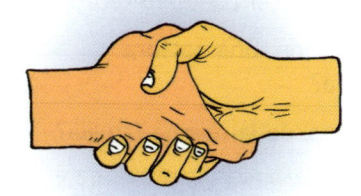

Bueno, vamos a Costa Rica.

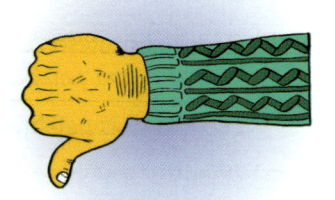

¡Otra vez! No.

NIVEL A1. **COMIENZA** [ciento veintisiete] **127**

3.6. Ahora prepara, con un compañero, un diálogo como el que oíste. Hagan sugerencias y den razones para rechazarlas. No es necesario que lo escriban, solo tomen notas en la tabla como lo hicieron antes.

Un restaurante:	Una película:	Un curso:	Un viaje por Yucatán:
○ Francés	○ Oeste	○ Ballet	○ Tren
○ Chino	○ Terror	○ Guitarra	○ Camión
○ Argentino	○ Humor	○ Español	○ De aventón
○ Italiano	○ Musical	○ Dibujo	○ Carro
○ Español	○ Bélica	○ Internet	○ Avión
○ Japonés	○ Intriga	○ Chino	○ Bici
○ Árabe	○ Amor	○ Piano	○ Moto

• **Argentina:** *autostop* • **España:** *autostop*

Sugerencias:

Respuestas:

Autoevaluación

1. **De la siguiente lista, marca las cosas que piensas hacer para aprender mejor español.**
   - ☐ Tengo que escribir más
   - ☐ Tengo que hacer más ejercicios gramaticales
   - ☐ Debo escuchar programas y música en español
   - ☐ Voy a viajar a un país de habla hispana
   - ☐ Voy a leer en español
   - ☐ Otros...

2. **Cuando no conoces una palabra, normalmente:**
   - ☐ ¿Le pides al profesor que la traduzca a tu lengua?
   - ☐ ¿La buscas en el diccionario?
   - ☐ ¿Intentas saber su significado por el contexto (por las palabras de alrededor)?
   - ☐ ¿Pides al profesor una explicación, una palabra similar o una palabra opuesta?
   - ☐ ¿Buscas más palabras similares, de la misma familia?
   - ☐ ¿Piensas si se parece a alguna palabra en tu lengua?
   - ☐ ¿..?

Cuando aprendemos palabras, es importante hacer una frase en la que aparezcan para comprender bien su significado.

Nos conocemos

GUÍA DE VIAJE A SALAMANCA Y LIMA

1. ¿Conoces estas ciudades? Una es la capital del Perú y en la otra está la universidad más antigua de España. ¿Sabes cómo se llaman? ¿Cómo son? Escribe una frase de presentación de cada una de ellas. Puedes utilizar las palabras del recuadro.

LIMA

moderna
antigua
atractiva
histórica
tranquila
abierta
cálida

SALAMANCA

2. Lean la guía de viaje de estas dos ciudades, subrayen en el texto la información relacionada con las fotografías y decidan qué fotos corresponden con cada texto.

LIMA

Es una gran metrópoli con cerca de 9 millones de habitantes, capital de la República del Perú. La Unesco declara en 1988 su centro histórico y el Convento de San Francisco "Patrimonio Cultural de la Humanidad". El Rímac es el centro urbano ubicado en la orilla norte del río Rímac. Allá pueden ver bellas construcciones coloniales, el Museo Larco, el Museo Nacional de Antropología, Arqueología e Historia y el Museo del Oro del Perú que guardan las más ricas colecciones de todo el pasado peruano. También está en el centro la famosa Plaza de Toros de Acho. Desde allá pueden ascender al cerro San Cristóbal y tener una excelente vista de todo Lima. San Isidro y Miraflores son dos modernos y cosmopolitas distritos de Lima que concentran la mayoría de los mejores establecimientos hoteleros, restaurantes, centros comerciales, centros de espectáculos, y el sistema bancario y empresarial. El Barranco es el distrito de Lima que por las noches ofrece grandes espectáculos culturales y de diversión.

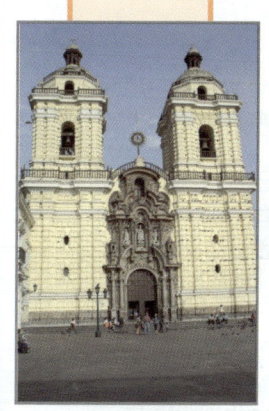

SALAMANCA

Es una pequeña ciudad con 160 000 habitantes situada al oeste de España, a 208 kilómetros de Madrid. Ciudad universitaria, en 1988 la Unesco la declara ciudad "Patrimonio de la Humanidad". Entre su patrimonio monumental destacan: sus dos catedrales, la Plaza Mayor, sus conventos, iglesias, la Casa de las Conchas, La Clerecía, la Universidad de Salamanca, el Museo de Art Nouveau y Art Déco Casa Lis, el Palacio de Anaya, el Palacio de Monterrey, la Plaza del Corrillo y el Puente Romano. Si desean pasar un día en plena naturaleza pueden pasear por el Parque de los Jesuitas, el romántico Huerto de Calixto y Melibea, el Parque de San Francisco, el Parque de La Alamedilla y Parque de La Aldehuela. El centro de la ciudad concentra la mayoría de las actividades culturales y de diversión de la ciudad.

NIVEL A1. COMIENZA

2.1. Contesten estas preguntas sobre los textos anteriores. Justifiquen su respuesta con la información del texto.

a) ¿Qué tienen en común las dos ciudades?
....

b) ¿Cuál es la diferencia más importante entre ellas?
....

c) Si estamos en Lima, ¿dónde podemos ir de compras?
....

d) ¿En cuál de las dos ciudades pueden encontrar restos arqueológicos?
....

e) Si queremos dar un paseo romántico, ¿dónde tenemos que ir?
....

3. [54] Escucha a dos personas de Salamanca y Lima hablando de lugares especiales de sus ciudades y di si son verdaderas o falsas las siguientes afirmaciones.

	Verdadero	Falso
1. En el Parque del Amor en Lima hay una escultura de unos niños jugando.	☐	☐
2. Tenochtitlan es, en la actualidad, una excavación arqueológica con impresionantes pirámides del año 250 d.C. que está en Lima.	☐	☐
3. En el Convento de San Francisco hay unas catacumbas que puedes visitar con restos humanos conservados en perfecto estado.	☐	☐
4. La Plaza de Anaya está cerca de la catedral.	☐	☐
5. La Plaza Mayor de Salamanca es de estilo gótico.	☐	☐

4. Estos viajeros cuentan su experiencia en las dos ciudades en un foro de Internet. Complétenlas con las etiquetas que aparecen a continuación. Hay más de una opción para algunas de ellas.

- impresionante
- inolvidable
- magnífica
- increíble
- fascinantes
- riquísima
- maravillosa
- bonitas
- precioso

▶ "Es una ciudad .... para vivir. Sus monumentos son ...., su comida .... y su gente .... Si no visitas Salamanca, te pierdes una de las maravillas del mundo".

▶ "El parque Reserva en Lima es .... Es un parque ...., las fuentes son muy .... y el espectáculo de luces es realmente ...., casi .... Definitivamente el parque de la reserva es un lugar obligado en Lima".

5. Vives en Salamanca o en Lima y tus amigos van a venir a visitarte. ¿Qué lugares de los que ya conoces les recomiendas para visitar? ¿Por qué? Escríbeles en tu cuaderno un correo electrónico con una recomendación para el primer día.

6. Elijan una de estas ciudades de Latinoamérica, busquen la información necesaria en Internet y completen estos datos para su guía de viaje. Después pongan en común sus informaciones.

LA HABANA   *SANTO DOMINGO*   *SAN JOSÉ*   *BUENOS AIRES*   *ACAPULCO*

- Dónde está • Clima • Sus fiestas • Mejor época de visita • Qué hay que visitar
- Excursiones • Platos típicos • Qué pueden comprar

Unidad 10

Contenidos funcionales
- Dar/pedir una opinión
- Expresar acuerdo y desacuerdo
- Expresar causa y preguntar por la causa de algo

Contenidos gramaticales
- La negación:
    - *nunca, jamás, nunca jamás...*
    - *¡qué dices!*
    - *no... ni... ni...*
    - *¡ni hablar!*
    - *bueno, pues no...*
- Expresar opinión:
    - *me parece que...*
    - *creo que...*
    - *para mí,...*
- Organizadores del discurso:
    - *en primer lugar,...*
    - *por otra parte,...*
    - *además,...*
    - *pero,...*
    - *por último,...*
- ¿Por qué?/Porque

Contenidos léxicos
- Vocabulario para hablar de estereotipos
- Léxico relacionado con el modo de vida de los mexicanos

Contenidos culturales
- Estereotipos de los habitantes de los estados mexicanos
- Rompiendo estereotipos sobre México
- México: fiesta del Día de Muertos

Nos conocemos
- Estereotipos

1 No, no y no

1.1. Escucha los siguientes diálogos y fíjate en las expresiones en negrita.

> Para los mexicanos es difícil decir que no a extraños. La tendencia es emplear estrategias de cortesía para evitarlo y preservar una imagen positiva. Con amigos y familia la gente es más directa.

1. (Ana y Alberto son novios y están enojados. Ana habla con su amiga Rosa)

Ana: ¡Alberto es un tonto!
Rosa: **Bueno, no digas eso.** Además, te quiere mucho. Tienes que hablar con él.
Ana: **¡Ni hablar! No quiero ni** verlo.

2. (Sergio y Julio son hermanos. Sergio siempre pide dinero a Julio. Julio está harto)

Julio: ¿Y ahora qué quieres?
Sergio: Fíjate que voy a salir con unos amigos y **no** tengo "lana".
Julio: Tú como siempre. ¡**Nunca** tienes dinero! Pues **no** te voy a dar **nada**.
Sergio: ¡Ándale!, solo cien pesos.
Julio: **No, no,** tú siempre me pides.

3. (Irene recuerda con horror su último viaje en avión)

Mamá: ¿Qué tal el viaje, hija?
Irene: ¡Uf!, fatal, no sabes, horrible. **No** vuelvo a viajar en avión **nunca jamás**, ¡qué miedo!

4. (En casa de la abuela)

Abuelita: ¿Quieres comer algo?
Nieto: **No**, gracias, abuelita. **No** tengo hambre.
Abuelita: **No** comes **nada**, hijo. ¿De verdad **no** tienes hambre?
Nieto: **No** abuelita, **de verdad, no** quiero **nada**, gracias.

5. (Philip desayuna por primera vez con su familia mexicana)

Mamá: ¡Philip, ven a desayunar!
Philip: ¡Uahhh! Hola, buenos días.
Mamá: ¿No gustas un poco de café?
Philip: No, gracias.
Mamá: ¡Ah, claro!, prefieres té.
Philip: No, tampoco, lo siento. Es que **no** me gustan **ni** el té **ni** el café.
Mamá: ¡Válgame Dios!

> En español hay diferentes formas de decir **no**. Es muy difícil escuchar a una persona decir solamente **no**.

132 [ciento treinta y dos]   UNIDAD **10**   PRISMA LATINOAMERICANO

1.2. ¿Cómo podemos decir "no" en español? Trabaja con tu compañero. Los diálogos anteriores pueden servirte de guía.

Negación neutra o débil	Negación fuerte	Doble negación

1.3. Tu amigo está respondiendo a una encuesta por teléfono. A partir de las respuestas, reconstruye con tu compañero las preguntas y el tema de la encuesta.

Encuestador: ....
Tu amigo: *No, vivo solo.*
Encuestador: ....
Tu amigo: *No, nunca.*
Encuestador: ....
Tu amigo: *Tres veces al día.*
Encuestador: ....
Tu amigo: *No, no, para nada.*
Encuestador: ....
Tu amigo: *Un café y pan tostado.*
Encuestador: ....
Tu amigo: *Nada.*
Encuestador: ....
Tu amigo: *Normalmente con nadie.*

Tema de la encuesta:

1.4. [56] En español, la entonación puede cambiar el significado de algunas expresiones. Escucha y marca qué significan las frases en cada diálogo.

	Sí	No
1. ¡Claro!	○	○
2. ¡Qué dices!	○	○
¿Cómo que no?	○	○
3. ¡Sí, seguro!	○	○

México y los mexicanos | 2

2.1. Vamos a leer tres opiniones sobre los días festivos en México. Después contesta a las preguntas del ejercicio 2.1.1.

¿Hay días festivos en México?

1. *En México hay demasiados días festivos, pero eso no es lo más grave. Lo peor es que están desorganizados y esto afecta mucho la economía. Con los "puentes" y los "San Lunes", México pierde mucho dinero.*

Miembros del Congreso de la Unión

CONTINÚA

2.

Según el Instituto para la Integración de América Latina y el Caribe, México es, después de Brasil y Venezuela, el tercer país con más días festivos. Esto no quiere decir nada porque si contamos el número de horas efectivas de trabajo, México está entre los primeros lugares.

Suplemento Ocio

3.

México tiene 8 días festivos nacionales. Al igual que con el Vaticano, el gobierno mexicano reconoce como días feriados todos los domingos. Además, cada estado de la República tiene dos o tres días festivos de carácter religioso.

Pequeño Almanaque Mexicano

Textos adaptados de QUO

2.1.1. **Tenemos tres opiniones diferentes sobre los días festivos.**

- ¿Quién cree que no son demasiados?
- ¿Quién piensa que son muchos?
- ¿Quién opina que lo importante son las horas de trabajo y no los días festivos?

2.1.2. **Busca en los textos una frase que sea similar a las que te proponemos.**

a) Y eso no es lo peor.

b) Según el Instituto para la Integración de América Latina y el Caribe, México tiene, después de Brasil y Venezuela, más días festivos.

c) Esto no significa nada.

d) México y el Vaticano coinciden en identificar como días festivos todos los domingos.

e) Además, los gobiernos estatales escogen dos o más días.

2.1.3. **Busca en los textos la palabra que significa lo mismo que las expresiones siguientes.**

1. No tener orden ....
2. Un fin de semana largo ....
3. La iglesia católica ....

- **Para dar una opinión podemos decir:**

  (Yo) **creo que / pienso que**
  Para mí,
  (A mí) **me parece que**   **+ opinión**
  En mi opinión,

  Ejemplo: *Para mí, estudiar lenguas es muy positivo.*

- **Para pedir una opinión:**

  ¿Tú qué crees?
  ¿Qué opinas de **+** tema?
  ¿Qué te parece/n...?

Para expresar una opinión, el verbo **parecer** se construye igual que el verbo **gustar**.

(A mí) me parece una buena idea.
(A ti) te parece bien ir al cine.
(A él) le parecen originales sus opiniones.

(A nosotros) nos parece fantástico.
(A ustedes) les parece que está mal.
(A ellos) les parece pésima idea.

2.2. Con ayuda de tu compañero, rellena el cuadro con el número de días festivos que crees que hay en cada país.

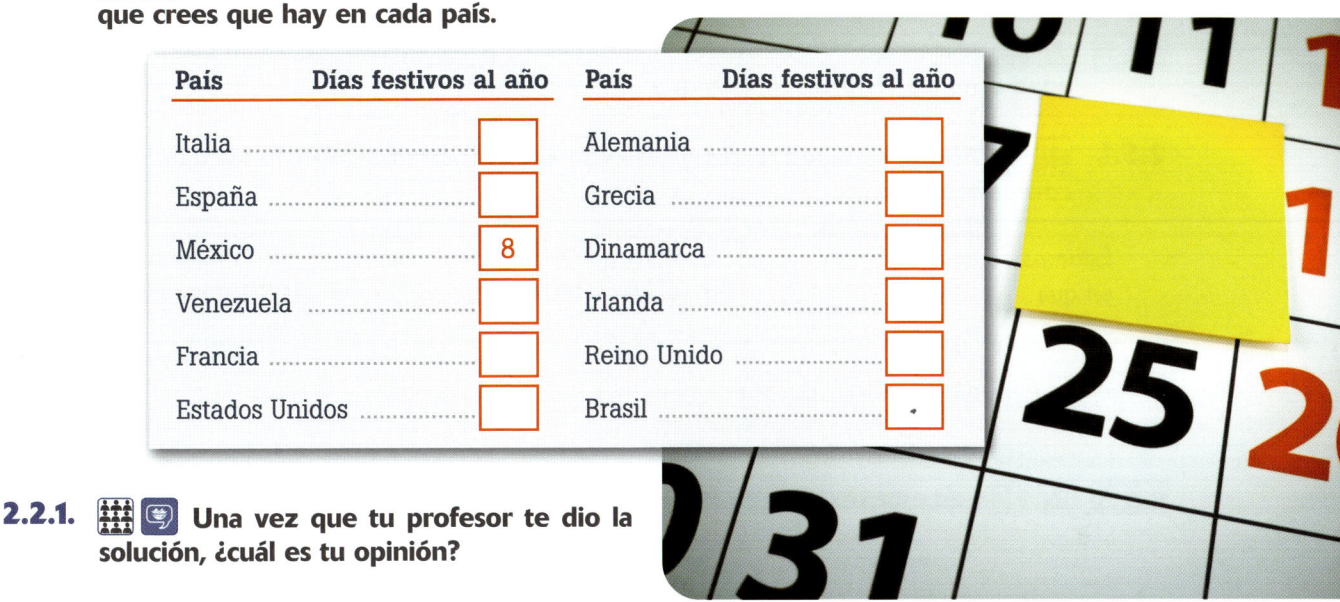

País	Días festivos al año	País	Días festivos al año
Italia		Alemania	
España		Grecia	
México	8	Dinamarca	
Venezuela		Irlanda	
Francia		Reino Unido	
Estados Unidos		Brasil	

2.2.1. Una vez que tu profesor te dio la solución, ¿cuál es tu opinión?

2.3. Completa la tabla con los adjetivos dados. Escribe en la columna izquierda los adjetivos positivos y en la derecha, los negativos. Usa tu diccionario. Después, escribe tres adjetivos más en cada columna.

violento • fantástico • picoso • estupendo • desabrido • ruidoso • sabroso • pésimo
animado • exótico • cómodo • horrible • interesante • malo • lógico • absurdo
entretenido • divertido • excelente • aburrido • bueno • acogedor

Positivos	Negativos

2.3.1. ¿Qué opinión tienen de estos temas?

Ejemplo: ▷ *¿Qué opinas de las películas de Sylvester Stallone?*
▶ *Me parecen demasiado violentas.*

A
- La comida mexicana
- Las ciudades grandes
- Los latinos
- Los viajes espaciales

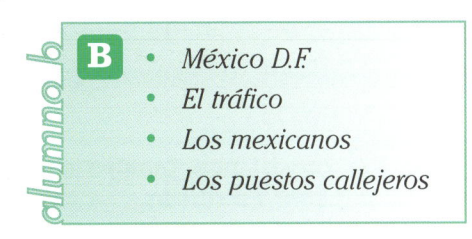

B
- México D.F.
- El tráfico
- Los mexicanos
- Los puestos callejeros

NIVEL A1. **COMIENZA** [ciento treinta y cinco] **135**

2.4. Con tus compañeros, piensa en diferentes temas de actualidad.

Ejemplo:
- Uso y abuso de Internet
- ....
- ....
- ....
- ....
- ....

2.4.1. Ahora, elabora una encuesta entre tus compañeros de clase para saber su opinión sobre esos temas. Usa *¿qué te/les parece...?*

2.5. ¿Crees que los extranjeros conocen tu país? Escribe tus opiniones sobre la realidad o no de los estereotipos que lo identifican.

2.5.1. Ahora, lean sus textos y discutan si están de acuerdo con las opiniones de sus compañeros.

| Estamos de acuerdo en que | Estamos parcialmente de acuerdo en que | No estamos para nada de acuerdo en que |

2.6. Lee este texto.

Así somos
Un retrato de los mexicanos por su origen

Los norteños son más altos, abiertos y sociables. Por el contrario, los sureños son más bajitos. Los habitantes de las ciudades son más gordos que la gente de campo y los indígenas. Los habitantes de la Ciudad de México, son los que más viajan, leen el periódico, van al cine y al teatro. Los veracruzanos son muy simpáticos, y en Alvarado (Veracruz) vive la gente más malhablada. Los habitantes de los estados del centro son muy conservadores, tradicionalistas y católicos. En Cholula, Puebla, hay más de 300 iglesias. Los costeños son muy alegres, bebedores, buenos bailadores y comen muy rico.

En los estados del Norte y del Sur curiosamente el deporte oficial es el béisbol, en cambio, en el centro del país son apasionados del futbol. Los yucatecos comen un chile muy picoso, el habanero. Los norteños comen tortillas de harina y la mejor carne. En el Centro y Sur, se comen tortillas de maíz.

Los mexicanos cada vez viajamos más, nos casamos más grandes, tenemos menos hijos, pero nos divorciamos más. Las mexicanas viven más (77.3 años) que los mexicanos (74), y en el campo la gente es más longeva.

2.6.1. ¿Verdadero o falso? Señala en el texto dónde se dice cada una de las frases.

	Verdadero	Falso
1. Los habitantes de la Ciudad de México dicen muchas palabrotas.	☐	☐
2. Los habitantes de los estados del Centro son muy alegres y bebedores.	☐	☐
3. En los estados del Norte y el Sur el deporte que más se practica es el béisbol, mientras que en el centro, el futbol.	☐	☐
4. Las habitantes del centro del país son muy conservadores y tradicionalistas.	☐	☐
5. Los mexicanos cada vez tienen menos hijos, se casan más grandes y viven más.	☐	☐

2.6.2. ¿En tu país también hay diferencias entre las distintas regiones o estados? ¿Cuáles son? Escríbelas.

Opiniones para todos los gustos   3

3.1. Aquí tienes una carta de queja que escribió un estudiante a su universidad. Trata de leerla en el orden correcto.

A. En segundo lugar, para mí, la Universidad es un lugar público y debe considerar la diversidad y los hábitos de sus estudiantes. Además, es muy grande y espaciosa; hay sitio para todos.

B. En conclusión, creo que abrir un comedor es lo justo y necesario.

D. Estimado señor:

C. México, D.F. a 23 de diciembre de 2010

E. Reciba un cordial saludo.

F. Por otra parte, encuentro que si es un problema para algunas personas se puede buscar un lugar dentro de la Universidad para comer.

G. En primer lugar, pienso que como persona adulta tengo derecho a decidir si quiero comer o no en los pasillos de la Universidad.

3.1.1. Escribe la carta en orden.

3.1.2. Fíjate bien en el texto y señala las palabras que organizan la carta.

3.1.3. Ahora, busca las expresiones para dar una opinión.

3.1.4. ¿Cómo saludamos en una carta formal?

3.1.5. ¿Cómo nos despedimos en una carta formal?

NIVEL A1. **COMIENZA**   [ciento treinta y siete] **137**

3.2. En tu calle hay un ruido horroroso. Escribe a la delegación quejándote y defendiendo tus derechos como ciudadano. Temas: obras constantes, exceso de tráfico, camión de la basura a las tres de la madrugada, camión de la limpieza a las cinco de la mañana, paso de aviones al aeropuerto cercano cada 15 minutos...

Para organizar nuestras ideas tenemos los siguientes elementos en español:

1. En primer lugar,...
   Por una parte,...

2. Además,...
   También,...

3. En segundo/tercer lugar,...
   Por otra parte,...

4. Pero,...

5. Por último,...
   En conclusión,...

- 1. Sirve para introducir la enumeración de ideas.

- 2. Para continuar con la siguiente idea.

- 3. Sirve para introducir un nuevo argumento.

- 4. Introduce una idea que se opone o contrasta con lo anterior.

- 5. Sirve para concluir, finalizar.

3.3. [57] Vas a escuchar a antiguos estudiantes de una escuela de español en Guanajuato que hablan sobre el carácter de los mexicanos. Marca los adjetivos de carácter que escuches.

1. Extrovertidos ☐
2. Amables ☐
3. Desagradables ☐
4. Impulsivos ☐
5. Divertidos ☐
6. Hipócritas ☐
7. Simpáticos ☐
8. Atentos ☐
9. Sociables ☐
10. Abiertos ☐
11. Habladores ☐
12. Corteses ☐
13. Machistas ☐
14. Aduladores ☐
15. Educados ☐

3.3.1. ¿Están de acuerdo?

Recuerda:

- **Para pedir una opinión:**

    ¿Tú qué crees?   ¿Usted qué cree?
    ¿A ti qué te parece?   ¿A usted qué le parece?
    ¿Tú qué piensas?   ¿Usted qué piensa?
    ¿Tú qué dices?   ¿Usted qué dice?

- **Para mostrar acuerdo o desacuerdo con las opiniones de otros:**

    Yo (no) estoy de acuerdo con { esa idea / Luis / eso }, porque...

    Sí, claro,
    Tienes razón, } pero...
    Bueno,

CONTINÚA

Para mostrar que estamos de acuerdo solo en parte utilizamos **pero**. Es una forma de contrastar opiniones.

▶ *Los carros contaminan muchísimo la atmósfera.*
▷ *Sí, estoy de acuerdo, **pero** son necesarios en la vida de hoy.*

Para hacer referencia a las palabras que dijo otra persona usamos **eso**.

▶ *Yo no estoy de acuerdo con **eso**.*

Para mostrar que estamos totalmente en desacuerdo, podemos usar:

Bueno, pues yo no lo creo así.   Pues, yo no estoy **para nada** de acuerdo.
Ni hablar, eso no es así.   **Estás mal informado.**
No creo que tengas razón.   **Estás equivocado.**

Rompiendo estereotipos: no todos somos charros ni andamos en burro 4

4.1. Observen estas fotos y comenten con sus compañeros cuáles crees que pertenecen a México y por qué.

Para preguntar por la causa de algo:

▶ *¿Por qué te parece que es México?*
▷ *Porque hay mariachis.*

4.2. Opinen sobre estos aspectos de México.

1. ¿Creen que hay mucho ruido?
2. ¿Creen que los mexicanos comen mucha comida chatarra?
3. ¿Cómo creen que son los restaurantes de México?
4. ¿Creen que los mexicanos son puntuales?
5. ¿Creen que son abiertos?
6. ¿Qué les parece la música mexicana?
7. ¿Qué piensan del uso del chile en las comidas mexicanas?
8. ¿Qué le parece la forma de hablar de los mexicanos?

4.3. Todos tenemos una imagen de la gente de otros países. Puede ser real o no. Piensa en estereotipos de las nacionalidades de tus compañeros o en los de tu propio país. Escríbelo en un papel y dáselo al profesor. El profesor los leerá y los estudiantes expresan su opinión.

NIVEL A1. COMIENZA   [ciento treinta y nueve] **139**

4.4. Con tu compañero, ordena la canción.

México • emoción • piel • labios • tequila • mirada • mariachi • sierra • cuerpo • lana • cerro • marimba • sarape • amanecer • brisa

Como una .... hecha en Sonora,
vestida con el mar de Cozumel.
Con el color del sol por todo el ....,
así se lleva México en la ....

Como el buen .... de esta tierra,
o como un amigo en Yucatán.
Y en Aguascaliente deshilados,
o una .... tejida en Teotitlán.

Así se siente México, así se siente México,
así como unos .... por la piel.
Así te envuelve México, así te sabe México,
y así se lleva México en la piel.

Como ver la .... de Chihuahua,
o la artesanía en San Miguel.
Remontar el .... de la Silla,
así se lleva México en la piel.

Como acompañarse con ....,
para hacer llorar a esa canción,
que en el sur se toca con ....,
y en el norte con acordeón

Así se siente México, así se siente México,
así como unos labios por la piel.
Así te envuelve México, así te sabe ....,
y así se lleva México en la piel.

Como un buen .... de Saltillo,
como bienvenida en Veracruz.
Con la .... de un beso frente a frente,
así se lleva México en la piel.

Como contemplar el mar Caribe,
descubrir un bello ....,
tener fresca .... de Morelia,
la luna acariciando a una mujer.

Así se siente México, así se siente México,
así como unos labios por la piel.
Así te envuelve México, así te sabe México,
y así se lleva México en la piel.

"México en la piel"
Luis Miguel

4.4.1. Ahora busca la canción en Internet y comprueba.

4.4.2. Pongan un título a la canción. Después, voten por el mejor título entre toda la clase.

4.4.3. ¿Qué piensan de la canción? ¿Representa la idea que tienen de México? ¿Cuáles son los tópicos principales? ¿Qué canción creen que es muy representativa de su país?

Autoevaluación

Los titulares y fotos del periódico o revistas te ayudan a comprender mejor. Leer varias veces un texto y prestar atención a las ilustraciones puede darte mucha información.

Luis Felipe Calderón Hinojosa y su familia en la Residencia Oficial de Los Pinos

En diciembre de 2006 Felipe Calderón Hinojosa asumió la presidencia de México. Nació en Morelia (Michoacán). Antes de ser presidente, trabajó en la Secretaría de Energía.
El día favorito del mandatario mexicano es el domingo. Le gusta organizar una carne asada con su familia, tocar la guitarra y cantar corridos mexicanos. Su esposa se llama Margarita Zavala y sus hijos, Felipe, Juan Pablo y María. Esta es la familia presidencial más joven que ha tenido México.

- ¿Quiénes aparecen en la foto? ....
- ¿Dónde están? ☐ En el teatro ☐ En una casa ☐ En un hotel
- **Busca** un nombre de ciudad, un nombre de institución, un día de la semana. Haz un resumen de la noticia.

Nos conocemos

ESTEREOTIPOS

1. ¿Saben qué significa la palabra *estereotipo*? Ordenen estas palabras y escriban su definición.

- una idea
- como modelo de
- aceptada por la mayoría
- o una imagen
- cualidades o conducta.
- utilizarse
- con sentido negativo
- Suele

Un estereotipo es: _____

2. Escucha a esta persona hablando sobre las mujeres y los hombres latinoamericanos. Revisa tu definición del ejercicio anterior y completa el cuadro.
[58]

Las mujeres latinoamericanas		Los hombres latinoamericanos	
Venezuela		México	
México		Cuba	
Argentina		Argentina	

3. ¿Conocen más estereotipos de los latinoamericanos? Observen con atención las siguientes fotos y contesten las preguntas.

a. ¿Corresponden solo a países de Latinoamérica? ¿Por qué?

b. ¿Pueden representar a cualquier país del mundo? ¿Y a tu país? ¿Por qué?

c. ¿Qué otros estereotipos conoces de Latinoamérica?

NIVEL A1. COMIENZA

4. Lean estas afirmaciones sobre España y los españoles y decidan cuáles representan la realidad y cuáles son estereotipos.

	Verdadero	Falso
1. Los hombres españoles son toreros y las españolas bailan flamenco.	☐	☐
2. España es la tierra de la paella.	☐	☐
3. Los españoles beben sangría a todas horas.	☐	☐
4. Los españoles son perezosos y les encanta dormir la siesta.	☐	☐
5. Todos los españoles tienen el pelo oscuro, ojos negros y piel oscura.	☐	☐
6. A los españoles les encanta su jamón.	☐	☐

4.1. Ahora lee estas afirmaciones y comprueba si se corresponden con las respuestas del ejercicio anterior.

1. Sí, es cierto. A los españoles les encanta la paella y en casi cualquier parte de España se puede encontrar algún tipo de paella en los restaurantes.

2. Hay corridas de toros en España, pero cada vez son menos populares. Hoy en día solo el 25% de la población está a favor de las corridas de toros y los jóvenes prefieren ir al futbol. La mayoría de las personas que van a las corridas de toros son de mediana edad y personas mayores.

3. Hoy en día hay muchas personas de piel clara con ojos claros y cabello rubio natural. Se dice que los celtas dejan el noroeste de España para ir a Irlanda, Gales y, finalmente, Escocia.

4. La sangría no es tan popular entre los españoles, pero sí lo es entre los turistas. Los españoles prefieren beber buen vino tinto.

5. A los españoles les encanta el jamón. En casa, en los bares, en la comida, en las tapas... cualquier hora y cualquier momento es bueno para comer un buen jamón.

6. En la Unión Europea, los españoles tienen los horarios de trabajo más largos. A los españoles les gusta dormir la siesta, pero solo alrededor del 20% puede hacerlo.

5. ¿Qué estereotipos conoces sobre otros países del mundo? Busca en Internet alguna foto que describa un estereotipo y cuéntaselo a tus compañeros.

Unidad 11

Contenidos funcionales
- Hablar de acciones terminadas en el pasado
- Describir o narrar experiencias o situaciones personales
- Disculparse y dar una excusa

Contenidos gramaticales
- Morfología del pretérito: regulares e irregulares
- Marcadores temporales
    - El martes pasado, el año pasado, el mes pasado, la semana pasada...
    - Hace una año, hace dos meses, hace tres semanas...
    - El lunes, el martes, el miércoles, el 8 de diciembre...
    - En mayo, en 1998, en Navidad, en verano...
    - Ayer, antier, anoche, el otro día...
    - Hoy, esta mañana, este mes...
    - Ya
- Revisión de adjetivos y pronombres indefinidos

Contenidos léxicos
- La agenda y una página de un periódico
- Turismo

Contenidos culturales
- Turismo en Perú, Honduras, México y Argentina

Nos conocemos
- Tipos de música

1 Lucía y su mundo

1.1. Lucía tiene treinta y cinco años, trabaja fuera de casa y vive en un fraccionamiento en las afueras de una gran ciudad. Su ritmo de vida es muy estresante. Mira los dibujos y ordénalos del 1 al 8.

A las 2:30 de la tarde comió con su mamá en un restaurante cerca de su trabajo.

Ayer Lucía salió muy temprano de su casa y manejó su carro para ir a la ciudad.

Al salir del trabajo hubo mucho tráfico en la ciudad y llegó tarde a recoger a su hijo a la escuela.

A las 10:00 de la noche salió a cenar con sus amigos.

En la oficina trabajó mucho por la mañana.

Por la tarde asistió a una reunión muy importante.

Dos horas después dejó a su hijo en la escuela.

A las 8:00 de la noche preparó la cena para su hijo.

1.2. Las imágenes que ordenaste, se refieren al... Márcalo con una X.

☐ Presente   ☐ Futuro   ☐ Pasado

1.3. Este tiempo se llama pretérito y se refiere al pasado. ¿Sabes cómo se forma? Mira bien la tabla y complétala.

Pretérito

Sujeto	Verbos en -AR	Verbos en -ER	Verbos en -IR
Yo	trabaj**é**		sal**í**
Tú •			sal**iste**
Él/ella/usted	trabaj**ó**	com**ió**	
Nosotros/as		com**imos**	
Ustedes •	trabaj**aron**		sal**ieron**
Ellos/ellas/ustedes		com**ieron**	

144 [ciento cuarenta y cuatro] UNIDAD 11 PRISMA LATINOAMERICANO

- **Argentina:** *Vos trabajaste, comiste, saliste*
- **España:** *Vosotros/as trabajasteis, comisteis, salisteis*

1.4. Completa los cuadros con un compañero.

	Visitar	Manejar	Vivir
Yo	visité		
Tú			
Él/ella/usted	visitó		
Nosotros/as		manejamos	
Ustedes			vivieron
Ellos/ellas/ustedes	visitaron		

Para narrar acciones pasadas

- **Pretérito**
  - ▶ Se usa para hablar de acciones que se realizaron en el pasado y están terminadas.
  - — Ejemplos:
    - — Anoche cené con mis amigos.
    - — Hace un mes llegó de vacaciones.

- **Marcadores temporales**
  - ▶ El martes pasado/el año pasado/el mes pasado
  - ▶ La semana pasada
  - ▶ Al final de la semana
  - ▶ Hace un año/dos meses/tres semanas
  - ▶ El lunes/el martes/el 8 de diciembre
  - ▶ En mayo/en 1998/en Navidad/en verano
  - ▶ Ayer/anteayer/antier/anoche/el otro día
  - ▶ Esta mañana/esta semana

◆ Algunos verbos irregulares

ser/ir	estar	tener	decir
fui	estuve	tuve	dije
fuiste	estuviste	tuviste	dijiste
fue	estuvo	tuvo	dijo
fuimos	estuvimos	tuvimos	dijimos
fueron	estuvieron	tuvieron	dijeron
fueron	estuvieron	tuvieron	dijeron

1.5. Escucha lo que hizo Carlos y marca verdadero o falso.
[59]

	Verdadero	Falso
1. Carlos fue a Acapulco con sus amigos.	☐	☐
2. Tuvo sus exámenes la semana pasada.	☐	☐
3. Ingresó a la universidad el año pasado.	☐	☐
4. Se desveló por festejar el cumpleaños de Julieta.	☐	☐
5. Planeó estar con la familia cuatro días en Navidad.	☐	☐
6. Antonia lavó los trastes• de la comida.	☐	☐
7. Tuvo todos los exámenes en una semana.	☐	☐
8. El mes pasado Carlos hizo la limpieza completa.	☐	☐

- **Argentina:** *platos sucios*
- **España:** *platos sucios*

NIVEL A1. **COMIENZA**

1.6. Piensa en cuatro cosas que hiciste en la semana y di cuándo las hiciste.

- ....
- ....
- ....
- ....

1.7. El marido de Lucía, Álvaro, también tiene una agenda muy llena. Hoy es lunes día 10. Fíjate en lo que hizo Álvaro la semana pasada y escríbelo en el cuadro de abajo.

	3 Lunes	**4** Martes	**5** Miércoles	**6** Jueves	**7** Viernes	**8** Sábado	**9** Domingo
08:00			VIAJE A TOLUCA				
10:00	Dentista	Reunión de trabajo					
12:00		Gimnasio				Zoológico con la familia	Hacer el quehacer
14:00	Comida con el jefe			Comer en casa de mis papás			Regar las plantas
16:00		Recoger a mi hijo			Entrevista con el tutor del niño		Ver la última película de Walt Disney con Lucía y mi hijo
18:00	Niño: taekwondo		REGRESAR AL D.F.	Mi hijo: INGLÉS			Lavar la ropa
20:00					Baile de salón		
22:00		Cena con Luis		Ir al cine con Lucía		Mi fiesta de cumpleaños	

1.8. ¿Por qué no miras en tu agenda todo lo que hiciste la semana pasada y se lo cuentas a un amigo por correo electrónico?

➡ Enviar   📎 Adjuntar

De: _____   Asunto: _____

La semana pasada...

1.9. Con tu compañero lee y ordena este diálogo en el que una pareja habla de lo que les pasó.

▶ ¡Vaya bonitas horas de llegar! ¿Qué te pasó?

▶ Nada, solo fui a trabajar; bueno, en la mañana no pude arrancar el carro y tuve que ir en metro.

▶ ¡Ya, ya...! Cambiemos de tema, ¿y tú qué hiciste hoy?

▶ Nada importante, solo que me encontré con un ex novio y me invitó a una chela y después a cenar.

▶ Sí, la verdad es que sí, tener el trabajo cerca de casa es una suerte, y en el D.F., más.

▶ ¡No! Si no me creí la historia del ex novio... ¿eh?... ¡¿cómo crees?!

▶ ¿Qué dices?, ¿un ex novio? ¿Fuiste a cenar con él sin decirme nada?

▶ Ya, pero antes de salir escuché en la radio que los transportistas están en huelga.

▶ ¡Ay, todo te lo crees! La verdad es que tuvimos una reunión larguísima en el trabajo y no pude llamarte. El gran jefe apareció, ¿sabes?

▶ ¿Tú en metro? Pero si siempre dices que lo odias.

▶ Pues porque con la huelga todo el mundo tomó un carro o un taxi. Fue una locura. Quién como tú, que no tienes problemas, vas y regresas caminando. ¡Qué suerte!

▶ ¿Y por qué no tomaste un taxi?

• **Argentina:** subte

1.9.1. Ahora escucha y comprueba. [60]

1.9.2. Responde a estas preguntas sobre el diálogo que acabas de oír.

1. ¿Cómo fue ella a trabajar? ....
2. ¿Cómo fue él a trabajar? ....
3. ¿Por qué ella llegó tarde a casa? ....

1.9.3. Y ahora, junto a tu compañero, piensa otras dos preguntas sobre el diálogo y comprueba si tus compañeros pueden contestarlas.

1.9.4. Cuéntale a tu compañero sobre las actividades que hiciste hoy.

Excusas, excusas 2

2.1. Imagina que quedaste con algunas personas, pero todas llegan tarde. Escucha [61] las excusas que te dan y marca en la tabla con una **X** el motivo del retraso.

	1	2	3	4
Un accidente en el camino	☐	☐	☐	☐
Una llamada a última hora	☐	☐	☐	☐
Problemas en la oficina	☐	☐	☐	☐
Tardanza del camión	☐	☐	☐	☐
Enfermedad repentina del hijo	☐	☐	☐	☐
Olvido	☐	☐	☐	☐
Encuentro en una librería con un viejo amigo	☐	☐	☐	☐
Una reunión de trabajo	☐	☐	☐	☐

2.1.1. **Vuelve a escuchar y comprueba tus respuestas.**
[61] **Para introducir una excusa, en la audición aparecen:**

☐ Discúlpame, fíjate que... ☐ Perdóneme, por...
☐ Discúlpeme, porque... ☐ Perdón que...

2.2. **Hay cuatro motivos que no oíste. Inventa cuatro nuevas excusas para ellos.**

3 Recordar es vivir

Otros marcadores temporales

Con el **pretérito** también usamos los siguientes marcadores temporales:

una vez • alguna vez • la última vez • ya

Sin embargo, con **todavía no** va seguido del presente.

3.1. **Escribe tres cosas que siempre soñaste hacer y ya empezaste a hacer en los últimos meses. Después, cuéntaselo a tu compañero y toma nota de sus respuestas. ¿Coinciden en algo?**

Ejemplo: *Ya empecé a estudiar español hace dos meses.*

3.2. **Piensa en lo que hiciste el año pasado y contesta a estos personajes tan curiosos. Debes usar los marcadores temporales anteriores.**

¿Conociste a alguien interesante?
¿Dijiste alguna mentira?
¿Hiciste algo original?
¿Te emborrachaste?
¿Te enojaste con alguien?
¿Escribiste alguna postal?
¿Leíste algún libro?
¿Compraste algo para la casa?
¿Hiciste algún viaje?
¿Viste alguna película?

Adjetivos y pronombres indefinidos.

- Alguien
- Nadie
- Algún/alguno/a/os/as
- Ningún/ninguno/a/os/as
- Algo
- Nada

▶ ¿Me llamó alguien por teléfono?
▷ No, no te llamó nadie.
▶ ¿Necesitas algún libro?
▷ No, no necesito ninguno.
▶ ¿Quieres algo?
▷ No, no quiero nada.

3.3. Escucha con atención la historia del abuelito de Daniel.
[62]

3.3.1. Ahora contesta y justifica tu respuesta.

	Sí	No	No sé
1. Ambrosio trabajó toda su vida en la ciudad de Monterrey.	☐	☐	☐
2. Hace dos años que no trabaja.	☐	☐	☐
3. Trabajó con su esposa en una hacienda.	☐	☐	☐
4. El 8 de diciembre se murió su esposa.	☐	☐	☐
5. El lunes fue al panteón.	☐	☐	☐
6. En 1998 le compró a su esposa un rebozo y un vestido.	☐	☐	☐
7. Soñó con su esposa la semana pasada.	☐	☐	☐

• **Argentina:** *chal*   • **España:** *chal*

3.4. Piensa en alguien a quien admiras y que falleció, y cuenta a tus compañeros las cosas que hizo en su vida. Después piensa en alguien a quien desprecias y di también lo que hizo. ¿Coincidieron sus acciones?

Ejemplos: *Admiro a... porque...*   *Desprecio a... porque...*   *Nosotros coincidimos... como...*

3.5. Escucha a un grupo de estudiantes que hablan de su vida en la ciudad de México. Toma nota en el primer cuadro de las cosas que conocieron de la ciudad y en el segundo de las que todavía no conocen.
[63]

Ya... + pretérito
Fueron a Chapultepec,

Todavía no... + presente
Todavía no van al museo de Bellas Artes,

3.6. Hagan una lista de las actividades que se pueden hacer en el lugar donde viven, después comenten qué hicieron ya y qué no hacen todavía.

NIVEL A1. **COMIENZA**   [ciento cuarenta y nueve] **149**

3.7. Ahora mira la lista que tienes abajo. Marca con una X tres cosas que te gustaría conocer, probar, ver, leer... y pregunta a tus compañeros si ya las conocieron, probaron, vieron... y qué les parecieron.

- ☐ Taxco de Alarcón (Guerrero)
- ☐ Locro argentino
- ☐ Las corridas de toros
- ☐ El Antiguo Colegio de San Ildefonso (ciudad de México)
- ☐ Grutas de Loltún (Yucatán)
- ☐ La Semana Santa de Iztapalapa (Distrito Federal)
- ☐ El pozole
- ☐ El Quijote
- ☐ Una película de Guillermo del Toro
- ☐ La feria del Burro en Otumba (Edo. de México)
- ☐ Los frijoles
- ☐ El Carnaval de Veracruz
- ☐ El tango
- ☐ Los romeritos
- ☐ Perú
- ☐ El Canal de Panamá

Oye, ¿ya probaste el pozole rojo?

Sí, ya lo probé en Sinaloa, y me gustó, pero no tanto como el locro argentino.

3.8. Escucha lo que cuentan cinco turistas. Toma nota y trata de averiguar, con la ayuda del profesor, a qué ciudades de México se refieren.
[64]

1	2	3	4	5
La ciudad es...	La ciudad es...	La ciudad es...	La ciudad es...	La ciudad es...

3.9. Vamos a jugar. Imagina que acabas de volver de unas vacaciones en un país. Di a tus compañeros tres cosas que viste o hiciste allá. Ellos luego te van a hacer preguntas para averiguar dónde estuviste.

Fui a su carnaval, visité las cataratas de Iguazú y bebí caipirinha.

Pues no, no lo hablé.

A ver, ¿hablaste francés?

¿Bailaste samba?

Sí, la bailé.

Seguro que estuvo en Brasil.

150 [ciento cincuenta]   UNIDAD 11 PRISMA LATINOAMERICANO

3.10. A continuación vas a escuchar una encuesta sobre las últimas vacaciones de algunas personas. Toma nota, en los recuadros correspondientes, de cuánta gente eligió una u otra opción. Las preguntas son:

A ¿Qué medio de transporte tomaron?
- a. Avión
- b. Tren
- c. Carro
- d. Autobús
- e. Otros

B ¿Qué tipo de alojamiento eligieron?
- a. Hotel
- b. *Camping*
- c. Departamento
- d. Albergue
- e. Otros

C ¿Qué tipo de turismo hicieron?
- a. Cultural
- b. Playa
- c. Montaña
- d. Rural
- e. Otros

D ¿Fueron de compras?
- a. Mucho
- b. Más o menos
- c. No
- d. Recuerdos
- e. Regalos

E Aproximadamente, ¿cuánto dinero gastaron?
- a. 1200 pesos
- b. 2000 pesos
- c. 2500 pesos
- d. 4000 pesos
- e. 12000 pesos

F Lo que menos les gustó de sus vacaciones
- a. El viaje
- b. El tiempo
- c. El hotel
- d. La comida
- e. Otros

3.10.1. Ahora hazles a tus compañeros la misma encuesta acerca de algún viaje que realizaron recientemente. Reúnan los resultados para saber sus preferencias a la hora de viajar.

El **periódico** 4

4.1. Vamos a hacer un periódico. Todo periódico se divide en secciones. Por ejemplo, *Internacional*. ¿Pueden indicar otras?

Internacional

4.2. Con tus compañeros piensa en lo que sucedió últimamente en tu ciudad, en tu escuela, en el mundo.

El mes pasado

Hace tres semanas

La semana pasada

Hoy

4.3. Ahora, clasifiquen los acontecimientos por secciones.

Cultura	Sociedad	Deportes		

NIVEL A1. **COMIENZA**

4.4. Lee esta noticia.

Rescatan a estudiantes desaparecidos en el Misti

Sanos y salvos fueron rescatados, esta madrugada, los dos estudiantes que desaparecieron la tarde del domingo en el Misti, informó la Unidad de Rescate de Alta Montaña de la Policía Nacional.

El incidente ocurrió cuando los jóvenes estudiantes de la Universidad Nacional de San Agustín de Arequipa (UNSA), descendían del volcán Misti, el cual habían escalado.

Frank Mercado Machaca (22) y Américo Condori Cairo (21) fueron hallados a las 12:45 de la madrugada, y luego trasladados al campamento base para recibir los primeros auxilios debido a su estado de salud por el intenso frío y el leve cuadro de deshidratación que tenían.

La desaparición de los estudiantes fue reportada por sus compañeros de estudio Renán Paz y Jorge Ramírez del Carpio, con quienes escalaron el Misti, el volcán emblemático de Arequipa.

Estos universitarios se comunicaron con una compañera a través de una llamada por teléfono celular, y esta alertó a las autoridades.

http://www.larepublica.pe/regionales/24/05/2010/rescatan-estudiantes-desaparecidos-en-el-misti

Ahora contesta las preguntas.
a) ¿Qué pasó?
b) ¿Quiénes son los protagonistas?
c) ¿Dónde sucedió el hecho?
d) ¿Cuándo sucedió?

4.5. Elige una noticia del ejercicio 4.3. y escribe un artículo que recoja la siguiente información.

- ¿Qué pasó?
- ¿Quiénes son los protagonistas?
- ¿Dónde sucedió el hecho?
- ¿Cuándo sucedió?

4.6. Ahora, entre todos, diseñen el periódico.

Autoevaluación

1. **Cuando el profesor te da una redacción tuya corregida, ¿qué haces?**
   - ☐ Lees la redacción de nuevo con las correcciones
   - ☐ Cuentas el número de errores
   - ☐ Seleccionas los errores que repites con frecuencia
   - ☐ Escribes una lista con tus errores
   - ☐ Haces una nueva redacción y comparas resultados
   - ☐ Comparas la última redacción con otras anteriores

2. **Ahora que conoces el pretérito, puede ayudarte a controlar tu proceso de aprendizaje llevando un diario de clase.**
   - ¿Qué hiciste en clase? ....
   - Tuve dificultades en... ....
   - Mejoré en... ....

Nos conocemos

TIPOS DE MÚSICA

1. ¿Sabes quiénes son estas personas? Sus fotos aparecen en prensa, televisión, cine, Internet… ¡Son famosas! Tu compañero tiene la información que falta. Pregúntale para conocer a estos personajes.

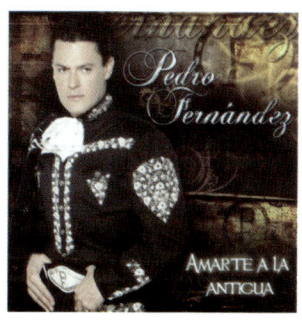

a   b   c

ALUMNO A

a) Es un cantante, actor y compositor de México. Se llama Pedro Fernández.
....
....

b) Es famosa en todo el mundo por su música y manera de bailar. Canta el himno del Mundial de futbol de Sudáfrica.
....
....

c) Las canciones más famosas de Juan Luis Guerra son: "Ójala que llueva café", "Me sube la bilirrubina", "Burbujas de amor".
....
....

ALUMNO B

a) Canta rancheras como "Si nos dejan", "La niña de la mochila azul". Es un ídolo en su país.
....
....

b) Es colombiana. Se llama Shakira.
....
....

c) Es de la República Dominicana. Su música mezcla merengue, bolero y salsa. Tiene 18 premios Grammys.
....
....

2. ¿Puedes decirnos de qué país son estos tipos de música latina?

- La cumbia y el vallenato — País: ....
- El merengue y la bachata — País: ....
- El reggaetón — País: ....
- El son y el chachachá — País: ....
- La ranchera — País: ....
- La bomba y la Plena — País: ....
- El tango — País: ....

2.1. [66] Ahora escucha y comprueba tus respuestas del ejercicio anterior.

NIVEL A1. **COMIENZA**   [ciento cincuenta y tres] 153

3. 👤 📝 **Ella es española y él es venezolano. Son Marta Sánchez y Carlos Baute. Lee esta noticia sobre su éxito "Colgando en tus manos" y contesta las preguntas.**

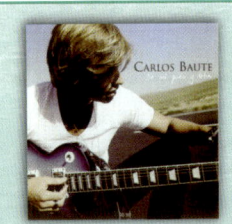

El cantante venezolano Carlos Baute hace un dueto con la famosa Marta Sánchez en la canción *Colgando en tus manos*. El videoclip de la canción se ha reproducido más de 60 millones de veces en YouTube. Es uno de los videoclips más vistos en todo el mundo.

La canción, estrenada en 2008, se convierte en un éxito apenas las radios españolas empiezan a sonarla. Luego llega a Latinoamérica en 2009, donde también tiene el mismo recibimiento. Discos de oro para Baute, conciertos, entrevistas y la cima en radios de España, Argentina, Colombia, Chile, México y Venezuela; además de Centroamérica, donde también recibe laureles.

La canción que cantan juntos es un homenaje del venezolano al cantante Juan Luis Guerra, uno de sus cantantes favoritos. ¿Es por eso que muchos dicen que tiene toques de "bachata"?

En el videoclip aparece Carlos Baute manejando un coche, mientras la española hace de artista famosa, pasajera de Baute. Es una de las canciones más románticas de la música latina más reciente.

a. ¿Dónde suena primero la canción?

b. ¿En qué año aparece la canción *Colgando en tus manos* en Latinoamérica?

c. ¿En las radios de qué países es número uno?

d. ¿A qué famoso cantante homenajean con esta canción?

4. 👤 📝 **Intenta completar las palabras que faltan en la canción con la ayuda de los dibujos.**

COLGANDO EN TUS MANOS

Quizá no fue coincidencia encontrarme contigo,
Tal vez esto lo hizo el destino.
Quiero (1)..................... de nuevo en tu pecho.
Y después me despierten tus (2).....................

Tu sexto sentido (3)..................... conmigo.
Sé que pronto estaremos unidos.
Esa (4)..................... traviesa que vive conmigo.
Sé que pronto estaré en tu (5).....................

Sabes que estoy colgando en tus (6).....................
Así que no me dejes caer.
Sabes que estoy colgando en tus manos.

Estribillo:
Te envío (7)..................... de mi puño y letra.
Te envío (8)..................... de 4.40.
Te envío las (9)..................... cenando en Marbella,
y cuando estuvimos por Venezuela.
Y así me recuerdes y tengas presente,
que mi (10)..................... está colgando en tus manos.
Cuidado, cuidado que mi corazón
está colgando en tus manos.

No perderé la esperanza de hablar contigo,
No me importa qué dice el destino.
Quiero tener tu fragancia conmigo,
Y beberme de ti lo prohibido.

(Estribillo)

Cuidado, cuidado, mucho cuidado, cuidado.
No perderé la esperanza de estar contigo.
Cuidado, mucho cuidado.
Quiero (11)..................... de ti todo lo prohibido.
Cuidado, mucho cuidado.
Quiero amanecer besando toda…
Toda tu ternura, mi niña, mi vida, te necesito.
(Estribillo)

4.1. 👤 🏠 **Busca la canción en Internet y comprueba tus respuestas.**

5. 👥 🌐 **¿Qué tipo de música te gusta? ¿Cuál es tu cantante latino favorito?**

154 [ciento cincuenta y cuatro] — UNIDAD 11 PRISMA LATINOAMERICANO

Unidad 12

Contenidos funcionales
- Pedir/dar instrucciones sobre lugares y direcciones: organizar el discurso
- Pedir permiso, conceder y denegar
- Invitar/ofrecer: aceptar y rehusar

Contenidos gramaticales
- Imperativo afirmativo: regulares e irregulares
- Organizadores del discurso
- Imperativo + pronombres
- Secuencias de afirmación:
  - *sí, claro*
  - *sí, por supuesto*
  - *sí, cómo no*
  - *claro, claro*

Contenidos léxicos
- La ciudad
- El banco: el cajero automático
- La caseta telefónica: llamar por teléfono

Contenidos culturales
- Literatura: Augusto Monterroso y Julio Cortázar

Nos conocemos
- Escritores latinos

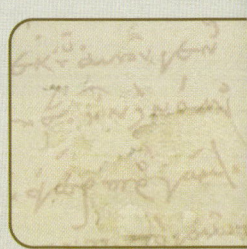

1 ¡¿Mande?!

1.1. Con tu compañero, relaciona los dibujos con las frases.

1 ¡Mira, mira!
2 ¡Usa un pañuelo, Juan, por favor!
3 Tome agua, duerma mucho, haga ejercicio.
4 Pasen, pasen, adelante.
5 Toma la línea azul hasta Bellas Artes.

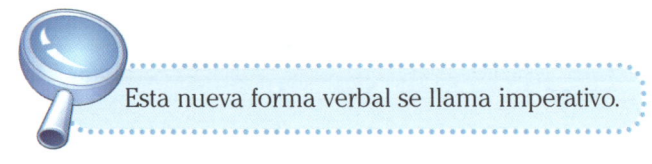

1.1.1. Clasifica las frases del ejercicio 1.1. según su uso.

○ Dar instrucciones, explicaciones
○ Dar consejos
○ Dar órdenes, mandar
○ Invitar a hacer algo
○ Llamar, captar la atención

> Esta nueva forma verbal se llama imperativo.

1.2. Lee estos tres diálogos. ¿Cuál va con el mapa?

1
▶ Disculpe, ¿me puede decir dónde está el Museo Frida Kahlo?
▶ Sí, claro, está muy cerca. Tome la primera calle a la izquierda se llama Xicoténcalt. Camine hasta Allende y allá dé vuelta a la izquierda. El museo está a dos cuadras, en la esquina con Londres, del lado derecho.

2
▶ Oye disculpa, ¿hay una estación del metro por acá?
▶ Sí, primero toma avenida Universidad. Luego sigue todo derecho hasta el Parque Arboledas, cruza y enfrente está la entrada a la estación del metro.

3
▶ Disculpe, ¿para ir al Paseo de la Reforma?
▶ Pues está un poco lejos. A ver… tienes que tomar Legaria hasta Periférico. Después Periférico rumbo a Chapultepec, das vuelta en Palmas. Sube por esta calle como 5 km y al final de la calle está Paseo de la Reforma.

1.2.1. Busca los verbos en imperativo que aparecen en el diálogo y, con la ayuda de tu profesor, completa el siguiente cuadro.

	-AR	-ER	-IR
Tú		come	
Usted	camine	coma	
Ustedes	caminen	coman	suban

Usamos el *imperativo*...

- **...para dar instrucciones**
    - *Toma la línea azul hasta Bellas Artes.*

- **...para dar órdenes**
    - *¡Usa un pañuelo, Juan, por favor!*

- **...para dar consejos o hacer sugerencias**
    - *Toma agua, duerme mucho.*

- **...para llamar la atención**
    - *¡Mira, mira!*

- **...para invitar u ofrecer**
    - *Pasen, pasen, adelante.*

...y sus terminaciones son las que escribiste en el cuadro anterior. Recuérdalas:

	-ar	-er	-ir
Tú	-a	-e	-e
Usted	-e	-a	-a
Ustedes	-en	-an	-an

Pero también hay verbos irregulares en el imperativo, los tienes en el recuadro de abajo.

- **Argentina:** *Vos tomá, comé, dormí*

- **España:** *Vosotros tomad, comed, dormid*

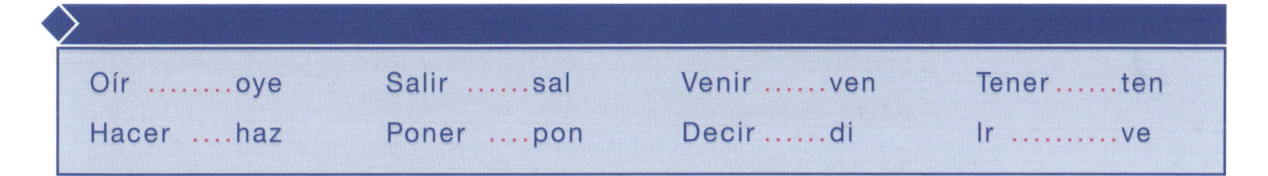

| Oír .... oye | Salir ...... sal | Venir ...... ven | Tener ...... ten |
| Hacer .... haz | Poner .... pon | Decir ...... di | Ir .... ve |

1.3. Completen la tabla con los verbos de abajo.

haz • hagan • sal • oigan • digan • pon • pongan • salga • oiga • vaya • venga • tenga • di • ve • tengan

	hacer	salir	poner	tener	ir	venir	decir	oír
Tú				ten		ven		oye
Usted	haga		ponga				diga	
Ustedes		salgan			vayan	vengan		

¿Vieron? También son irregulares en imperativo todos los verbos que en presente tienen irregularidades vocálicas (e-**ie**, o-**ue**, e-**i**). Fíjate bien:

c**ie**rra - p**i**de - c**ue**nta - emp**ie**za - v**ue**lve

NIVEL A1. **COMIENZA** [ciento cincuenta y siete] **157**

1.4. Escribe la forma correcta del imperativo para estas personas.

		Tú	Ustedes
Ejemplo:	Comprar el pan	compra	compren
	1. Leer el periódico		
	2. Venir acá		
	3. Estudiar los verbos		
	4. Tomar el metro		
	5. Dar vuelta a la derecha		

1.5. Y ahora, haz lo mismo con las personas *usted* y *ustedes*.

		Usted	Ustedes
Ejemplo:	Escuchar las noticias	escuche	escuchen
	1. Oprimir el botón		
	2. Cerrar la ventana		
	3. Limpiar la casa		
	4. Pedir información		
	5. Contar el dinero		

1.6. Vuelve a leer los diálogos del ejercicio 1.2. y completa el cuadro con las expresiones usadas para dar direcciones.

- Toma la _____ segunda/tercera calle.
- Lejos ≠ _____
- A la derecha ≠ _____
- Está del lado _____ ≠ está del lado derecho.

- Sigue todo _____
- Das _____ en la calle x/a la derecha/a la izquierda.
- Está en la _____ con...
- Al _____ de la calle está...
- Cruza y _____ está la estación.

1.7. Si descubres un modo para salir de este laberinto escríbelo en el cuadro que tienes al lado.

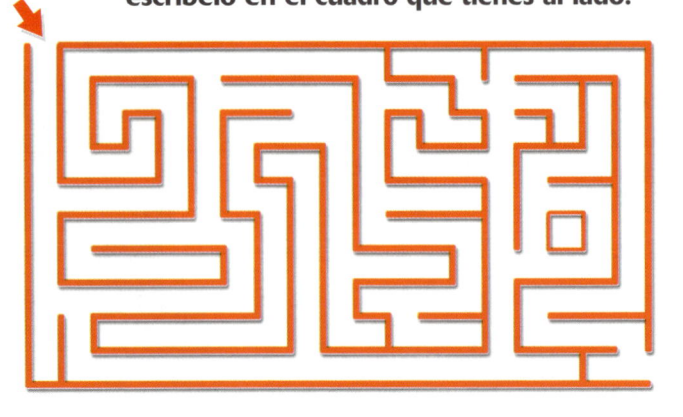

Para salir del laberinto, primero...

158 [ciento cincuenta y ocho]   UNIDAD **12** PRISMA LATINOAMERICANO

1.8. **Pregunta a tu compañero cómo ir a:**

- Su casa • Un café Internet • Un supermercado • Una parada de autobús • Un cine

1.9. Aquí tienes las instrucciones de un cajero automático para sacar dinero. Completa los espacios en blanco con la forma correcta del imperativo. Usa la forma *usted*.

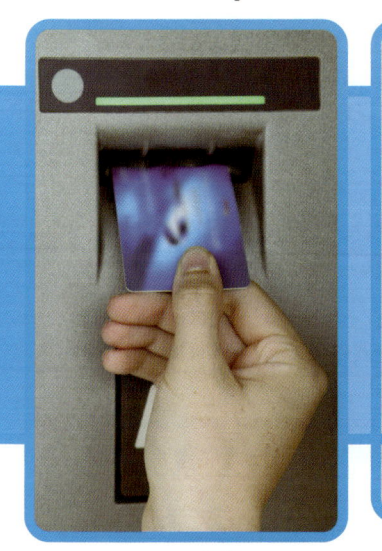

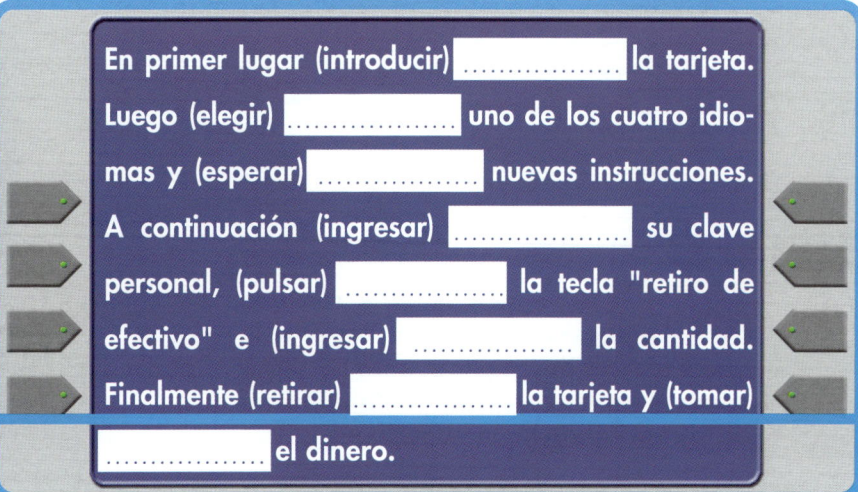

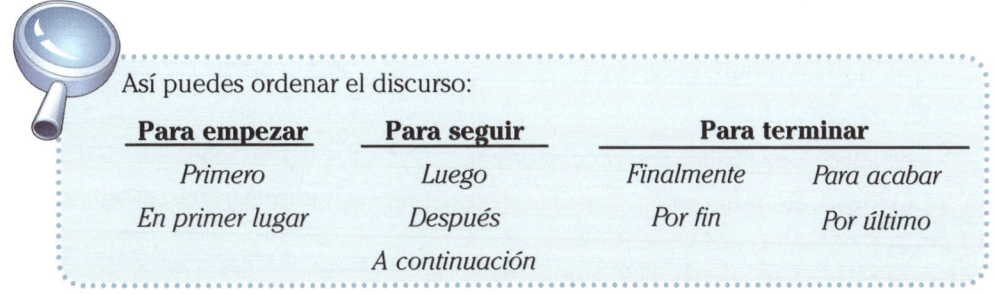

En primer lugar (introducir) .... la tarjeta.
Luego (elegir) .... uno de los cuatro idiomas y (esperar) .... nuevas instrucciones.
A continuación (ingresar) .... su clave personal, (pulsar) .... la tecla "retiro de efectivo" e (ingresar) .... la cantidad.
Finalmente (retirar) .... la tarjeta y (tomar) .... el dinero.

Así puedes ordenar el discurso:

Para empezar	Para seguir	Para terminar	
Primero	Luego	Finalmente	Para acabar
En primer lugar	Después	Por fin	Por último
	A continuación		

1.10. ¿Cómo funciona un teléfono público en México? Si escuchas con atención y relacionas los elementos de las tres columnas, pronto lo vas a saber.
[67]

Ejemplo: *Primero, descuelgue la bocina, a continuación...*

Primero   • Colgar   • Número
Luego   • Introducir   • Bocina
Finalmente   • Marcar   • Tono de marcar
Después   • Descolgar   • Tarjeta/Monedas
A continuación   • Esperar

1.11. ¿Recuerdas los pronombres personales? Relaciona las frases.

1. Cruza la calle   •   • a. Pása**las**
2. Cruza el parque   •   • b. Crúza**lo**
3. Pasa los edificios   •   • c. Crúza**la**
4. Pasa las casas   •   • d. Pása**los**

Fíjate que en español los pronombres de objeto (directo e indirecto) cuando van con un imperativo afirmativo siempre se utilizan detrás del verbo y se escriben unidos a él.

Toma el metro → *tómalo*

Dé la tarjeta al inspector → *dele la tarjeta*

NIVEL A1. **COMIENZA** [ciento cincuenta y nueve] **159**

1.12. ¿Recuerdas las instrucciones para sacar dinero del cajero automático? ¿Por qué no sustituyes los sustantivos por pronombres? Acá tienes los verbos y los nombres, solo tienes que relacionarlos y escribir, a la derecha, el imperativo con el pronombre.

1. Introducir
2. Elegir
3. Esperar
4. Ingresar
5. Pulsar
6. Marcar
7. Tomar

a. Dinero → ....
b. Instrucción → ....
c. Tarjeta → Introdúzcala
d. Cantidad → ....
e. Número → ....
f. Idioma → ....
g. Tecla → ....

1.13.

Alumno A: Vas a vivir un mes con una familia Mexicana. Acabas de llegar a la casa y quieres desempacar, pero no sabes dónde dejar las cosas. Pregunta al dueño de la casa dónde las puedes poner.

Alumno B: En tu casa va a vivir un estudiante extranjero. Dile dónde puede poner sus cosas.

• **Argentina:** *saquitos de té*

alumno a
- Tus bolsas de té
- El gel, el shampoo y el cepillo de dientes
- Una botella de vino blanco
- El abrigo
- Los libros de español y el diccionario
- Las botas de montaña
- ...

alumno b
- En el estante del cuarto de baño
- En la despensa de la cocina
- En el ropero
- En el clóset
- En el refrigerador
- En la mesa del estudio
- ...

Ejemplo: **Alumno A:** *Oye, ¿qué hago con las bolsas de té?*
Alumno B: *Guárdalas en la despensa de la cocina.*

• **Argentina:** *champú*
• **España:** *champú*

2 Políticamente **correctos**

2.1. Relaciona.

1 ¿Puedo entrar?
2 ¿Me prestas tu libro?
3 ¿Se puede fumar acá?

a No, es que lo necesito.
b Sí, claro, entra.
c No, acá no se puede.

ⓘ Permisos

• Para pedir permiso u objetos	• Para concederlo	• Para denegarlo
–¿Puedo + **infinitivo**...?	–Sí, claro.	–No, lo siento, es que...
–¿Me dejas + { **infinitivo**...? / **sustantivo**...? }	–Sí, por supuesto. –Sí, cómo no.	–No, es que...
–¿Se puede + **infinitivo**...?	–Sí, sí, se puede...	–No, no puedes, porque...
–¿Me prestas + **sustantivo**...?	–Sí, + **imperativo**	–No, no se puede...

160 [ciento sesenta]   UNIDAD **12** PRISMA LATINOAMERICANO

2.2. Acá tienes algunas situaciones en las que puedes pedir permiso, concederlo o denegarlo. Ahora prepara un diálogo con tu compañero y preséntalo luego al resto de la clase.

Es la primera vez que viajas en avión y quieres cambiar la posición del asiento, visitar la cabina, desabrocharte el cinturón, fumar un cigarro, ir al baño, abrir la ventanilla y ponerte el chaleco salvavidas.

Estás en una fiesta de cumpleaños y quieres cambiar la música, subir el volumen, tomar otra cerveza, abrir la ventana, apagar el aire acondicionado, bailar sobre la mesa de la sala y tomar otro pedazo de pastel.

Estás en casa de un amigo y quieres jugar con su computadora, fumar un cigarro, tomarte un café, subir los pies en el sofá, bajar un poco la persiana, cambiar el canal de televisión y preparar la cena.

Estás en un taxi y quieres subir la ventana, encender el aire acondicionado, comerte una torta, fumar un cigarro, cambiar la emisora de radio, tomar un plano de la ciudad y pagar con tarjeta de crédito.

Es tu primer día de trabajo y necesitas hacer una llamada, entrar a la oficina del director, tomar papel para la fotocopiadora, salir a desayunar, imprimir un documento, cerrar la ventana y encender el aire acondicionado.

2.3. [68] La directora de una escuela de español explica a los estudiantes nuevos el funcionamiento del centro. Escucha y marca las reglas que escuches.

☐ **1.** Se puede usar Internet hasta las ocho de la noche.
☐ **2.** No se puede comer ni beber alcohol en clase.
☐ **3.** No se puede recibir visitas.
☐ **4.** Se puede hablar por teléfono desde la recepción.
☐ **5.** No se puede tener prendido el celular durante las clases.
☐ **6.** No se puede fumar.
☐ **7.** Se puede tomar café, agua o refrescos.
☐ **8.** Se puede ver películas de video los sábados por la mañana.
☐ **9.** No se puede subir los pies encima de los muebles.

2.4. Lee y comprueba tus respuestas.

Buenos días a todos y bienvenidos al Centro de Estudios para Extranjeros. Mi nombre es Concepción Rodríguez Santos y soy la Directora Académica de esta escuela. Si necesitan algo, pueden encontrarme en la oficina B12 de 9 a 2 p.m. y de 4 a 5 p.m. Quiero además aprovechar la ocasión para darles información sobre el funcionamiento de nuestro centro.

En el fólder informativo pueden encontrar las normas que hay que seguir dentro del centro. No se puede fumar dentro del recinto. No se puede comer ni beber alcohol en la clase, pero se puede tomar café, agua o refrescos. No se puede tener prendido el celular durante las clases, para no molestar al profesor ni a los compañeros. Por supuesto, no se puede poner los pies encima de los muebles, ni sobre las sillas ni sobre las mesas.

Otra cosa importante es que tenemos una sala de Internet para los estudiantes. Esta se puede usar durante los descansos, y después de las clases hasta las ocho de la noche.

Eso es todo. Agradezco su atención y les deseo muy buena suerte durante su estancia en esta ciudad.

2.5. Ahora vas a aprender a ofrecer cosas, a aceptarlas y a rechazarlas. Fíjate bien.

> ¿No quiere probar los tamales?
> Ándele, tome uno.
> No, no, gracias, es muy amable.

> ¿No quieren probar un poco de pulque? Ándele, tome un poco.
> Gracias.
> No, gracias, es que no tomo mucho.

> ¿No gustan comer algo? Tenemos queso y chorizo.
> Bueno, queso, pero solo un poco.

2.5.1. Subrayen las expresiones que sirven para ofrecer algo y aceptarlo o rechazarlo.

2.6. Escucha la siguiente conversación entre Paula y Elena, y responde.
[69]
- ¿Qué cosas le ofrece Elena a Paula?
- ¿Qué formas usan para *ofrecer, aceptar* y *rechazar*?

2.6.1. Ahora lee y comprueba si comprendiste bien.

Paula: Mmm, ¡qué bien huele! ¿Qué estás haciendo?
Elena: Pues acá, preparando la comida, ¿no te acuerdas de que hoy vienen Javier y Cristina?
Paula: Es verdad. Te ayudo.
Elena: No, no te preocupes, ya está todo listo.
Paula: Pero si la cocina está patas arriba, déjame que te ayude a limpiar un poco, ¿lavo los trastes?
Elena: Bueno, si quieres...
Paula: Por cierto, ¿qué es eso? Se ve delicioso.
Elena: Es una receta de mi mamá, chiles rellenos. Pruébalos, ya verás, te van a gustar.
Paula: No, no, después.
Elena: Ándale, mujer, prueba uno, hay suficiente.
Paula: Está bien, gracias... mmm... ¡qué ricos!
Elena: ¿No gustas un tequilita mientras vienen?
Paula: Bueno, sí, pero solo un poco.
Elena: Toma una tostada con nopales. Están buenísimos.
Paula: No, en verdad, gracias, que luego tenemos que cenar.

¿Viste? Elena le dice a Paula **prueba uno**. Esto es porque en español a menudo usamos el imperativo cuando ofrecemos o permitimos algo a otra persona. Fíjate:

▷ ¿Me prestas tu libro?
▶ Sí, claro, toma.

▷ ¿Puedo entrar?
▶ Sí, adelante, entra.

ⓘ Para invitar y ofrecer

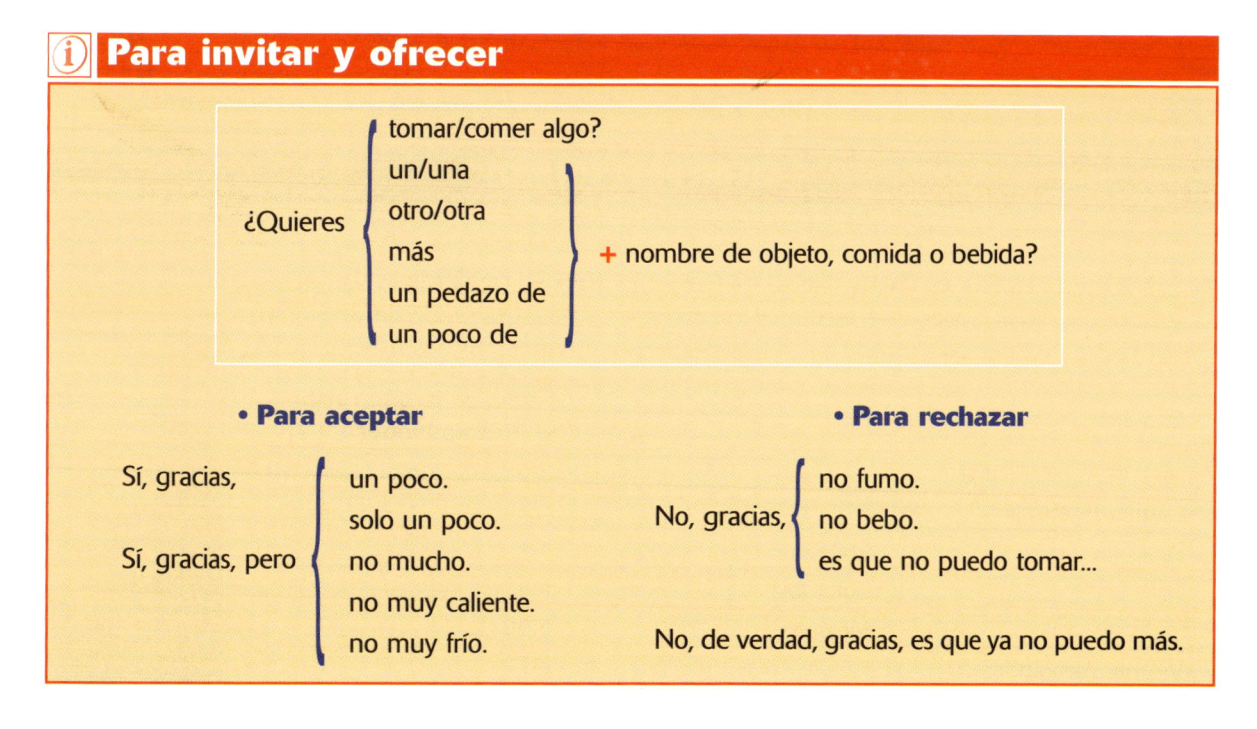

¿Quieres { tomar/comer algo? / un/una / otro/otra / más / un pedazo de / un poco de } + nombre de objeto, comida o bebida?

• **Para aceptar**

Sí, gracias,
Sí, gracias, pero { un poco. / solo un poco. / no mucho. / no muy caliente. / no muy frío. }

• **Para rechazar**

No, gracias, { no fumo. / no bebo. / es que no puedo tomar... }

No, de verdad, gracias, es que ya no puedo más.

2.7. Ahora imagina que organizas una fiesta con tus compañeros y que cada uno prepara algunas cosas para tomar. Elige dos de las que tienes abajo y ofréceselas a los demás, ellos las van a aceptar o rechazar según sus gustos.

- Vino
- Papas fritas
- Chorizo
- Aceitunas
- Nachos con queso
- Quesadillas
- Chocolates
- Coca-Cola
- Pan
- Pastel
- Cacahuates
- Queso
- Jugo
- Cerveza
- Jugo de frutas
- Pizza
- Ensalada
- Canapés
- Guacamole
- Tacos

Autoevaluación

1. Ahora que el curso terminó, ¿qué contenidos crees que necesitas repasar?
   - ....
   - ....

2. Puedo hablar y escribir sobre:

   ☐ Cómo son mi familia y mis amigos
   ☐ La ciudad o el pueblo donde vivo
   ☐ Ir de compras
   ☐ Costumbres de los mexicanos
   ☐ Describir y ubicar objetos de mi clase o de mi casa
   ☐ Hablar de lo que hago normalmente
   ☐ Hablar de lo que hice
   ☐ Explicar el clima y el tiempo que hace en mi ciudad
   ☐ Dar instrucciones para llegar a un lugar
   ☐ Explicar cómo preparar un platillo típico
   ☐ Hablar de experiencias personales
   ☐ Expresar planes y proyectos de futuro
   ☐ Aceptar y rechazar invitaciones
   ☐ Otros

Nos conocemos

ESCRITORES LATINOS

1. Este escritor es Premio Nobel de Literatura 2010. Se llama Mario Vargas Llosa y es de Perú. Hay otros diez escritores latinos que también han recibido este premio. ¿Conocen a alguno de ellos? Busquen información en Internet y completen este cuadro.

Escritor	País	Fecha en la que recibe el Premio Nobel
Miguel Ángel Asturias		1967
Camilo José Cela		1989
Pablo Neruda	Chile	
	Colombia	1982
	México	1990
Vicente Aleixandre		1977

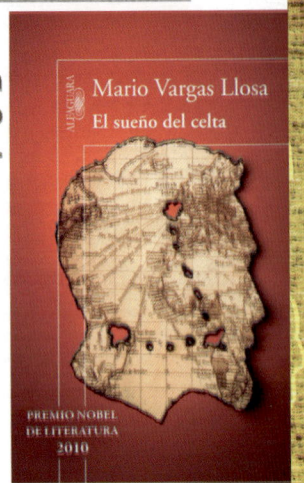

1.1. Escucha ahora esta noticia y comprueba si la información que completaste en el ejercicio anterior es correcta.

2. Lee la biografía de Mario Vargas Llosa y completa esta breve información sobre su vida.

- Nace en Arequipa (Perú), el 28 de marzo de 1936.
- Años 60: referente literario. Escribe comedia, novela negra, literatura erótica, novela histórica y crítica literaria.
- Apoya la revolución cubana.
- Años 70: se posiciona en contra de Fidel Castro.
- 1990: candidato electoral por el centro derecha.
- Pierde contra el candidato Alberto Fujimori.
- Se traslada a Londres tras su derrota electoral.
- 1990: adaptación al cine de su novela *La tía Julia y el escribidor* (Tune in tomorrow) con Barbara Hershey, Peter Falk y Keanu Reeves.
- 1993: obtiene la nacionalidad española.
- 1994: Premio Cervantes.
- 1999: Premio Ortega y Gasset.
- Doctor *honoris causa* por las Universidades de Oxford y Harvard, entre otras.
- Es profesor en Princeton.

_____, nacido en _____ en el año _____, es un referente literario desde los años _____. Aborda varios géneros literarios como la novela negra, _____ la novela histórica, literatura erótica y _____.

En esa misma época defiende _____ en Cuba, pero una década más tarde, se opone a _____. En 1990 participa como candidato a la presidencia de la República y pierde las elecciones contra el candidato _____. En 1993, después de vivir en _____ tres años, obtiene la nacionalidad _____ sin perder la peruana.

La gran pantalla ha adaptado varias novelas de Vargas Llosa, como _____, interpretada por Barbara Hershey, Peter Falk y Keanu Reeves.

Entre sus numerosos premios literarios cuenta con el Premio _____ (1994) y el Premio _____ (1999).

Es _____ por las Universidades de Oxford y _____ entre otras y, en la actualidad, es profesor en la Universidad de _____.

3. Otro de los Premios Nobel más importantes de la Historia de la Literatura Latina es Pablo Neruda. Lee esta breve biografía y contesta las preguntas que aparecen a continuación.

a. ¿Cuándo conoce Neruda a los escritores españoles Lorca y Alberti?
....

b. ¿Cuándo deja de ser cónsul en Birmania?
....

c. ¿En qué año recibe el Premio Nacional de Literatura?
....

d. Escribe el nombre de su obra de intención social, ética y política.
....

e. ¿Cuándo se publica *Confieso que he vivido*?
....

4. Este poema de Pablo Neruda se titula "Si tú me olvidas", de su libro *Los versos del Capitán*. Está desordenado. Ordénenlo y elijan una opción de las que se presentan para explicar cada una de las partes del poema.

☐ Si consideras largo y loco
el viento de banderas
que pasa por mi vida
y te decides
a dejarme a la orilla
del corazón en que tengo raíces,
piensa
que en ese día,
a esa hora
levantaré los brazos
y saldrán mis raíces
a buscar otra tierra.

1 QUIERO que sepas una cosa.

☐ Ahora bien,
si poco a poco dejas de quererme
dejaré de quererte poco a poco.
Si de pronto
me olvidas
no me busques,
que ya te habré olvidado.

☐ Pero
si cada día,
cada hora
sientes que a mí estás destinada
con dulzura implacable.
Si cada día sube
una flor a tus labios a buscarme,
ay amor mío, ay mía,
en mí todo ese fuego se repite,
en mí nada se apaga ni se olvida,
mi amor se nutre de tu amor, amada,
y mientras vivas estará en tus brazos
sin salir de los míos.

☐ Tú sabes cómo es esto:
si miro
la luna de cristal, la rama roja
del lento otoño en mi ventana,
si toco
junto al fuego
la impalpable ceniza
o el arrugado cuerpo de la leña,
todo me lleva a ti,
como si todo lo que existe,
aromas, luz, metales,
fueran pequeños barcos que navegan
hacia las islas tuyas que me aguardan.

1 a) Neruda se dirige a su amada.
b) Neruda habla con un compañero de trabajo.
c) Neruda habla con su madre.

2 a) Le dice que no puede vivir sin ella.
b) Le dice que pronto la va a dejar de amar.
c) Le dice cómo y cuánto la ama.

3 a) El poeta está enfadado con su amante.
b) Le hace una advertencia.
c) Le pide que no le abandone nunca.

4 a) Van a viajar en un barco.
b) Le asegura que tan pronto como ella le deje, él irá a buscar el amor de otra mujer.
c) Le asegura que nunca buscará a otra mujer porque solo la ama a ella.

5 a) Le muestra toda la intensidad de su amor.
b) Le asegura a su amada que ya la ha olvidado.
c) Le promete que la amará toda la vida.

4.1. Ahora escucha el poema y comprueba si el orden de las estrofas es correcto.

NIVEL A1. **COMIENZA**

Nomenclatura de las formas verbales

La nomenclatura de los tiempos verbales del español ofrece variaciones según las diferentes gramáticas existentes. **Prisma Latinoamericano** sigue las directrices de la reciente ***Nueva gramática de la lengua española***, 2009. En esta obra, realizada por la Real Academia Española (RAE) y la Asociación de Academias de la Lengua Española, se muestran las nomenclaturas más difundidas de los tiempos verbales del español. En este libro se trabaja con la terminología de Andrés Bello, ya que es la más influyente y extendida en México y viene recogida en la *Nueva gramática*.

A continuación, aparece un cuadro con la equivalencia de los tiempos verbales según la *Gramática* de Andrés Bello y la terminología de las obras académicas recientes: *Diccionario de la lengua española* de la Real Academia Española (DRAE) y el *Diccionario panhispánico de dudas* (DPD).

Equivalencias de las nomenclaturas de los tiempos verbales

Andrés Bello (Gramática, 1847)	DRAE/DPD	Ejemplos
MODO INDICATIVO		
Presente	Presente	*Hablo*
Antepresente*	Pretérito perfecto compuesto	*He hablado*
Pretérito	Pretérito perfecto simple	*Hablé*
Copretérito	Pretérito imperfecto	*Hablaba*
Antecopretérito	Pretérito pluscuamperfecto	*Había hablado*
Futuro	Futuro simple	*Hablaré*
Antefuturo	Futuro compuesto	*Habré hablado*
Pospretérito	Condicional simple	*Hablaría*
Antepospretérito	Condicional compuesto	*Habría hablado*
MODO SUBJUNTIVO		
Presente	Presente	*Hable*
Antepresente*	Pretérito perfecto compuesto	*Haya hablado*
Pretérito	Pretérito imperfecto	*Hablara o hablase*
Antecopretérito	Pretérito pluscuamperfecto	*Hubiera o hubiese hablado*
MODO IMPERATIVO		
Imperativo	Imperativo	*Habla (tú)*

* Estos tiempos verbales aparecen en algunos manuales como *Presente perfecto*.